文学法学共婵娟

国庆节刚过，我就来到香港，参加2012年香港国际文学节。大概由于我的犯罪悬疑小说《血之罪》由企鹅出版公司推出英文译本（*Hanging Devils: Hong Jun Investigates*），而且反响不错，所以我得到主办方的邀请。在三天时间内，我作为主讲嘉宾出席了在香港西洋会所举办的两场文学沙龙，到香港中文大学法学院做了一次讲座，还接受了香港电台等新闻媒体的专访。

刚回北京，我便听到莫言获得2012年诺贝尔文学奖的喜讯。我的心底即刻升起两个字——终于！不过，我是为莫言终于获奖而高兴呢，还是为中国本土作家终于获奖而高兴呢？一时间，自己也说不太清楚。但我以为，这个诺贝尔文学奖是授予莫言个人的，不是授予中国人的。我曾与莫言见过几次面。有两次是在《检察日报》举办的“检察文学笔会”上，有一次是在我的犯罪悬疑小说的研讨会上。莫言先生并不擅长演说，但是他的言语带着淳朴的机敏与幽默，而且似乎总有些令人玩味的东西。我没有研习过文学，不懂文学的评价标准，但我以为，莫言不属于偶像派作家，而是实力派作家。他不仅很有文采、很会讲故事，而且很有知识、很有思想，其作品的内涵非常厚重。无论我是否喜欢他讲述的故事，我都会被感动甚至激动，并不由自主地延续他的思想。莫言先生获得诺贝尔文学奖是当之无愧的，而且这个奖项应比奥运金牌更有分量。

文学和法学都是人类文明的载体，而且都以语言为工具。文学的基本功能是娱乐和陶冶，它需要形象模糊意境朦胧的语言来推动人们的想象，以净化人们的思想、心绪和灵魂，但有时会适得其反；法学的基本功能是规范与教化，它需要棱角分明线条清晰的语言来昭示行为规则，以维护社会生活的有序、和谐与正义，但有时也会南辕北辙。法学要有明晰的骨骼，或曰明确的是非，但文学那丰腴的肌肤往往会使读者难辨骨骼。我以为，法学和文学的结合可以使文学多一些骨感，而文学与法学的结合可以使法学更加丰满。

没有文学的民族是野蛮的民族，没有法学的国家是散乱的国家。然而，文学有优劣，法学有善恶；优良的文学可以美化人们的心灵，善良的法学可以美化人们的行为。宛如宋词所云：文有雅俗优劣，法有善恶盈缺，此事人难全。但愿国运久，文法共婵娟。

何家弘

写于北京世纪城痴醒斋

主　管　山东出版集团
出　版　山东人民出版社
编　辑　《法学家茶座》编辑部

主　编　何家弘
副主编　廖　明　张君周
主编助理　杨锦璈　张　晶

责任编辑　麻素光
漫画插图　小黑孩

投稿邮箱　fxjchazuo@126.com
网　址　http：//www.sd-book.com.cn
社　址　济南市胜利大街39号
邮　编　250001
编辑部电话　0531-82098903
购书电话　0531-82098021　0531-82098903
新浪微博　http：//weibo.com/u/2474079213

图书在版编目（CIP）数据
法学家茶座．第37辑/何家弘主编．—济南：山东人民出版社，2012
ISBN 978-7-209-06935-9

Ⅰ．①法…　Ⅱ．①何…　Ⅲ．①法学－文集　Ⅳ．①D90-53

中国版本图书馆CIP数据核字(2012)第288593号

山东临沂新华印刷物流集团印刷
16开本（172×232毫米）　10印张　160千字
2012年11月第1版　2012年11月第1次印刷
定价：18.00元

目 录

唐慧劳教事件重述

张　晶*

“劳动教养”作为一项一直饱受批评的制度，在2012年，因为湖南永州的唐慧，再次以强烈的存在感呈现在人们眼前。而唐慧之所以会与“劳动教养”制度发生联系，则要从2006年说起。

2006年10月1日，唐慧的11岁独生女儿乐乐（化名）被理发店老板周军辉骗至录像厅包房内强奸，一夜未归。10月3日，乐乐在出去买西瓜后就没有回家，杳无音讯地失踪了。唐慧夫妻二人马上到派出所报案，之后的两个多月中，唐慧每日在永州的大街小巷张贴寻人启事。2006年12月20日，寻人启事发挥了作用，一个陌生人来电称，在一处名为“柳青缘休闲中心”的地方看到一个貌似乐乐的女孩。在经人提醒此类娱乐场所往往有“很深的背景”之后，唐慧没有报警也没有贸然闯入，而是来到休闲中心对面的一栋楼的楼顶，生生在砖墙上扒开一个洞口，对休闲中心进行全天候的监视，并装扮成捡垃圾的，边捡废品边往里面张望。2006年12月30日，唐慧终于在“柳青缘休闲中心”找到了失踪近三个月的女儿，她马上电话报警将女儿救出。原来在10月3日乐乐外出买西瓜时，又遇到了周军辉，周以“要将丑事告发到学校”为由，要挟乐乐外出工作，乐乐于是给母亲留下字条后离家出走，继而被周军辉卖到了“柳青缘休闲中心”。在后来的两个多月中，在休闲中心老板和老板娘的逼迫下，11岁的乐乐接客100余次。根据乐乐后来写的自述，老板曾用尖刀抵住肚子威胁她，若敢联系家人就杀光她全家。乐乐最多时一天接客四五次，疼痛难忍时老板娘就给她打针，最惨的一次她被四个“客人”带到外面轮奸，还被逼吸毒。

---

* 作者为中国人民大学法学院博士研究生。

正是这三个月里在女儿身上发生的事情，使得唐慧走上了漫长的申诉和上访之路。在起诉过程中，唐慧遭遇了意想不到的阻力。先是“柳青缘”所在辖区的派出所拒绝立案，唐慧以自杀相要挟对方才勉强立案，但立案19天之后，“柳青缘”依然生意红火。2007年1月25日，警方仅刑事拘留了休闲中心老板娘秦星一人，而在公诉人的起诉书中，也只有被告组织卖淫一项罪名，并没有强迫卖淫罪。

当时正值2008年初，江南雪灾，唐慧为了请求公诉人重写起诉书，就在检察院的大院里从中午一直跪到凌晨两点。2008年，唐慧的申诉终于惊动了省公安厅，并引起高度重视。省公安厅成立专案组，七名犯罪嫌疑人相继被捕。

2008年6月6日，轰动永州的强迫幼女卖淫案在市中级人民法院开庭。法院经审理判处周军辉和秦星死刑，休闲中心老板陈刚和四名轮奸犯分别判处无期徒刑和有期徒刑16、15年。唐慧认为量刑畸轻，提出抗诉申请。案件在2009年2月维持原判，唐慧再次提出异议。

2010年12月23日，永州强迫幼女卖淫案第三次开庭，七名被告人除周军辉以外，竟然全部当庭翻供，庭审场面一度失控。

六年的上访和申诉，唐慧多次被盯梢、被抓，被打、被威胁恐吓，因常年上访，她成了某些人眼中的“闹访户”。2010年6月9日，因为“私下接受采访”，唐慧被永州零陵公安分局以聚众扰乱社会秩序罪拘留了37天。在控诉期间，女儿乐乐经法医鉴定已患上创伤后应激性精神障碍，以及无法治愈的生殖器疱疹，可能永远丧失生育能力。

经过唐慧不断的上访、重申，2012年6月5日，湖南省高级人民法院终审裁定，被告人周军辉、秦星死刑。陈刚与四名轮奸犯中，四人被判处无期徒刑，一人有期徒刑15年，附加民事赔偿20万元。

终审裁定在唐慧看来是可以接受的。当她认为终于可以重新开始生活的时候，2012年8月2日，永州市劳动教养管理委员会突然以“严重扰乱社会秩序，造成极坏影响”为由，决定将唐慧劳教一年半。

当夜，唐慧的律师将这一消息发至微博，激起了轩然大波。8月5日，永州市公安局官方微博发帖，解释唐慧被劳教是因为多次在公安局、法院、人大等地点“哭闹”、“跪地喊冤”、“连续滞留”、“撞墙相威胁”，“严重扰乱了单位和社会秩序，造成了极坏的社会影响”。8月7日，唐慧对劳动教养决定提出行政复议。8月8日，湖南省政法委牵头调查组复核“永州幼女卖淫案”。8月10日，湖南省撤销永州市劳动教养管理委员会对唐慧的劳教决定。最终，在律师、亲友的营救以及外部舆论的压力之下，唐慧获释。

在具有普适性的国家法律面前，唐慧劳教事件只是一个小小的个案。经历了六年地狱般生活并被作出劳教决定，唐慧是不幸的；但她六年的执著换来了一个可以宽慰内心的判决结果，她所受到的劳动教养决定也在律师、亲友和舆论的帮助下被撤销了，从某种程度上来说，她又是幸运的。根据中华人民共和国司法部网站公布的数据：“截至2008年底，我国共有劳动教养管理所350个，在所劳教人员16万人。”而在这16万人的背后，又都有着怎样的故事呢？

国务院新闻办公室2012年10月9日发表了《中国的司法改革》白皮书，并于当日上午10时举行新闻发布会。在德国《世界报》记者提到关于劳教的问题时，中央司法体制改革领导小组办公室负责人姜伟答道：劳教制度的一些规定和认定程序也存在问题。改革劳动教养制度已经形成社会共识，相关部门作了大量的调研论证工作，广泛听取了专家学者和人大代表的意见和建议，正在研究具体的改革方案。

唐慧劳教案件只是众多劳动教养案件中的一个，但因为唐慧案件那令每一个哪怕有一丝良知的人都愤慨的前因，唐慧被劳教案件得到了全社会的关注。我们希望，唐慧之于“劳动教养制度”的意义，可以达到孙志刚之于“收容遣送制度”的意义，能够为全社会和有权部门郑重地重新思考“劳动教养制度”提供一个契机。

改革制度，优化功能

——十字路口的劳动教养叙说

张绍彦*

【喻世言】劳教制度的源起揭示了这一事物与生俱来的难以剥离和更改的内生“基因”，即，它是处理中国社会彼时政治问题的斗争工具和行政手段。这使它根本有别于属于司法范畴的劳改和判刑。而这也正是劳动教养在其后来的演进过程中，特别是在近30年中国社会法治化进程中，始终面临司法化瓶颈的根本之所在。

中国独有的劳动教养制度至今已走过了自己50余载崎岖坎坷的风雨历程；近10余年来，它更是在不断的质疑和生死存亡的抉择中度过；而今，它又因湖南永州“上访妈妈”唐慧被劳动教养事件而再次被推到了风头浪尖，似乎又一次走到了生死存亡的十字路口。作为研究劳教制度20余年的专业人员，本人对劳动教养的基本主张是：改革制度，优化功能。

一、劳动教养的基因与特性

首先，笔者从事实而非评价的角度谈谈自己对劳教这一事物的基本认识。

1955年8月25日，中共中央发出《关于彻底肃清暗藏的反革命分子的指示》，劳动教养由此而生。《指示》明确规定：“对这次运动中清查出来的反革命分子和其他坏分子，除判处死刑和因为罪状较轻，坦白彻底或

* 作者为中国社会科学院法学研究所教授。

因为立功而继续留用的以外，分两种办法处理。一种办法，是判刑后劳动改造。另一种办法，是不够判刑而政治上又不适用继续留用，放到社会上又会增加失业的，则进行劳动教养，就是虽不够判刑，虽不完全失去自由，但亦应集中起来，替国家做工，由国家发给一定的工资。”

在有限的篇幅里本人之所以长篇援引导致劳教发生的《指示》，是因为培植劳教面世的《指示》决定了劳教的基因与特性。它揭示了劳教这一事物与生俱来的难以剥离和更改的内生“基因”，即，它是处理中国社会彼时政治问题的斗争工具和行政手段。这使它根本有别于属于司法范畴的劳改和判刑。而这也正是劳动教养在其后来的演进过程中，特别是在近30年中国社会法治化进程中，始终面临司法化瓶颈的根本之所在。

上述劳动教养的根本属性决定了其最大特点和生命力就在于“好用”——灵活、开放和有效。它可以根据形势的变化和需要，应时地解决司法途径和其他行政方法不易或不便解决的社会管理问题，而不论这些问题来自哪个方面和何种情形。因此，企图通过立法将劳教对象固定化的努力往往是徒劳的。比如，现在人们将正在接受劳教的人员刻意分为（传统的）劳教人员6万余人，另有禁毒人员20余万。恰恰说明了“传统的”劳教人员，不论其数量多寡，从来都不是劳教的主要功能或用意所在，而是“另有”的劳教人员才能彰显出其专有的开放、灵活和有效的功能与特性。单从立法技术上讲，对象周延便有悖于劳教的根本属性。近期是戒毒复吸人员成为劳教“另有”对象的主要来源，随着社会的发展特别是治安状况的变化，我们无法预知下一个需要成为劳教“另有”对象的会是哪些人员或还有什么人员。从1955年劳教制度产生至今，在我国《刑法》、《行政处罚法》和《治安管理处罚法》之外劳教总是有自己存在的必要和位置，担当着查漏补缺、拾遗补缺、不可或缺的角色。

劳教教养的种种作用和局限，或都共源于此。

二、认识和对待劳动教养的“方法论”问题

2012年10月9日，国务院发布了我国第一份《中国的司法改革》白皮书，其中只字没有提及劳教问题。而在当天的新闻发布会上，中国司法体制改

革领导小组办公室负责人姜伟表示，“改革劳动教养制度已经形成社会共识，相关部门作了大量的调研论证工作，广泛听取了专家学者和人大代表的意见和建议，正在研究具体的改革方案”。由此而言，本人以为：

（1）劳教问题已经不再是一个专业问题，而是一个已经形成社会共识的公众问题。转型中的中国社会，不管什么事物，一旦成为公众问题，必然产生的“正”、“反”两个方面的效应在劳教问题上一应体现。自由事关每一个人的命运，其成为公众问题的必要和益处自不言而喻。但与此同时，不论什么人，都可以立于制高点上振臂一呼，挥舞起公平、正义、法治、良心等种种时代的旗帜，指点江山，种种声讨、讨伐之声，常常高于甚至淹没理性，简单的批判和否定也往往多于建设。不吐不快，一吐为快成为公众和民意之于劳教的重要特点。

（2）本人以为，时至今日我们致力于劳教的未来走向和路径、步骤，或许远胜于再致力于对劳教进行盖棺定论式的功过是非总结。因为，首先劳教发挥过特有的历史作用（不管用什么形容词和副词去修饰或限定）；其次至少在今天看来，劳教确实存在必须解决的问题（同样也不管从什么角度和怎样分析）。其实，二者一个是历史，一个是现实，无异于各说各话，这种“辩证而全面”的总结未见得有多少价值和意义。同样，愤青、煽情也无助问题的解决。

（3）现时看劳教，本人以为可以少些回顾和评价，多些前瞻和建设，即着力于在中国现行法律体系中，找寻解决我国社会在《刑法》、《行政处罚法》和《治安管理处罚法》之外，还存在着的需要解决的问题的方法。这个方法不论是不是劳教或还叫不叫劳教，则是第二位的问题。当然，前提是确实有这样的问题存在。本人认为，这个前提是成立的。

三、劳动教养的改革“方案”

本人的基本主张是“改革制度，优化功能”，即在法治化和创新社会管理方式战略下分析思考，寻求解决问题的方案。主要分析如下：

（1）也从唐慧事件说起。例举总是生动和煽情的，然而从科学精神出发，有 N 个例证就会有 N+1 个反证。所以，并非冷漠而是冷静，人们没有理由基于一个或几个永州唐慧事件而否定或肯定劳教。但问题是，为什么类似“上访妈妈”唐慧事件这样的荒唐事情却偏偏不幸地发生在劳教之上。在遭受从2006年至今长达6年的“非人”生活之后，在建设社会主义法治国家的光天化日之下，在法科出身的省委主要领导周强书记倡导并走在全国依法治省前列的湖南，一个“上访妈妈”、一个弱女子唐慧，居然会在18名特警的“护卫”下就被成功地劳教了……着实令人痛心、发人深思。或许任何事件都是偶然的，但劳教不改不行、必须改革却是必然的。因为在建设社会主义法治社会的今天，显然不再允许有可以成为任何个人或单位藉作侵犯公民权利的“合法途径”存在。

（2）对劳教改革的具体方案，多年来理论界和实务界都有不同主张，至今并未达成共识，这也是劳教改革一直没有定案的原因之一。一是主张通过建立类似保安处分制度，将劳动教养制度纳入保安处分；二是主张直接废除，认为在我国现行《刑法》、《行政处罚法》和《治安管理处罚法》之外已经没有劳教存在的必要和空间；三是主张改革或重构劳教制度，使之适应我国法治化进程的要求。本人赞同第三种主张。

理由很简单，因为按照第一种主张，即借鉴国外保安处分改造劳教，建立中国的保安处分制度，在本人看来则属于“嫁接错误”。不管是独立适用还是附属或附加适用的保安处分，其基本特点都是针对被处分人未然的人身危险性（包括因罪错和疾病等）的前瞻性防范措施。而劳教是回顾性的对已然罪错的事后惩罚性处罚或教育矫治。二者是形似神不是。

至于第二种主张，在我国现行《刑法》、《行政处罚法》和《治安管理处罚法》之外，确实存在着需要国家干预和管理的违法或危害行为。这主要是由业界共知的我国《刑法》的犯罪概念数量化决定的，即我国《刑法》的犯罪概念实际上是普通或较重罪、重罪的概念。因此，在《刑法》之外，被刑法但书不认为是犯罪的“轻罪”同样需要法治化的管理和处理。当然也包括现在劳教所收容的传统劳教人员和戒毒复吸人员。对这些人员如果进入硬性司法化程序，即对其适用《刑法》，则会因为我国文化对犯罪的强烈贬责而带来不恰当的社会成本和司法成本。而这些行为又不属于《行政处罚法》和《治安管理处罚法》的处罚之列。

（3）笔者认为改革劳教制度应从如下方面着手。

一是认清劳教的实质。抓住问题的实质是解决问题的认识论前提，劳教的实质在于较长时期地限制公民人身自由。因此，解决问题的核心就在于如何认定和确定剥夺和限制公民人身自由的边界。笔者主张应借此机会对我国《刑法》、《行政处罚法》和《治安管理处罚法》之外的限制和剥夺公民人身自由的措施，包括现在的劳教、卖淫嫖娼的收容教育、未成年人违法犯罪的收容教养、强制戒毒、强制医疗等等进行梳理，纳入国家统一的法律调整之下。

二是在依法治国方针和法治规则下规划、设计劳教的改革方案，不再热衷不属于法治规则的一厢情愿的人定、人为的目的和功能等难以琢磨的东西。所谓在依法治国方针下，比如，改革方案中不再给任何单位和个人留下可以用作侵犯公民权利的空间，从制度上杜绝类似唐慧事件“合法制造”的可能。而所谓在法治规则下，比如尊重和保障公民的人权、权利与尊严是不言自明的宪法和法律原则等等。

三是在具体对象（依行为而非人）、条件、程序、执行方式和期限以及执行监督等具体问题和立法技术上，笔者的主张是从制度上消除可以任意解释和扩大适用的空间。

在适用条件或对象上，比如，2002 年公安部发布的现行《公安机关办理劳动教养案件规定》的劳教对象中，所谓“无理取闹、扰乱秩序，且拒绝、阻碍国家机关工作人员执行公务”的，“危害国家安全情节显著轻微”的之类，就可以被堂而皇之且理直气壮地以“维稳”的伟大名义来处置唐慧一类“不听招呼”、“屡教不改”的“闹访”、“闹诉”的人。

在适用和决定程序上，在中国社会实现法治化之前，司法化或准司法化应当是较长时间限制公民人身自由的法治化的底线。或许有一天法治化达成之后，在人权保障不再成为公权力运行中的主要问题，公平已然让渡于效率的“后法治时代”，司法会再度让渡于行政，但不是在中国的当下。所谓司法化或司法适度介入的准司法化包括公权力间的制约、监督、律师介入、证据、救济等各项正当程序规则。

在执行方式上，笔者主张结合我国现有的司法体制改革经验和成果及司法改革的发展趋势，一并梳理和统一规范限制公民人身自由措施的改革。比如，可以考虑把包括劳教在内的这些措施的执行方式改革，与我国现行的社区矫正试点办法和经验结合起来加以考虑。在具体的执行方式上，根据具体对象，采用以开放式的社区（矫正、矫治或执行）为主，以社区和专门机构或设施结合的半开放式为辅，以专门机构和设施的封闭式为临时或个别的“三级执行模式”。从对象、程序、期限及救济措施等各方面，特别是因罪错而接受处罚的，要严格控制封闭式限制公民人身自由措施的适用。比如，封闭式一般不超过15–30天，特殊情况“数错（罪）并罚，合并执行”不得超过45天；半开放式一般不超过1–3个月，特殊情况“延长”或“合并”执行不超过6个月；开放式一般不超过1年，“延长”或“合并”不得超过2年等等。上述具体期限的“设定”，是考虑了与我国《刑法》、《行政处罚法》和《治安管理处罚法》相关措施期限的协调与衔接。

当然，上述各个程序和执行方式的专门监督和社会监督都是必需的。

经过上述改革或改造的劳动教养，其实质便可能实现社会管理由重管理、重控制，向重服务、重科学的历史性转变。

劳教制度应朝司法或准司法方向改革

姜明安*

【醒世言】劳教制度改革、重构，应从劳教的目的与功能、劳教对象、劳教决定程序、劳教方式和劳教救济途径五个方面着手，其中最重要的是改革劳教决定程序，使之司法或准司法化。

2012年8月2日，永州市劳动教养委员会以“严重扰乱社会秩序，造成极坏影响”为由，决定将“永州幼女卖淫案”受害人的母亲唐慧劳教一年半。此消息一经传出，立即掀起社会轩然大波，劳教制度存废再度引发热议。

10月9日，中央司法体制改革领导小组办公室负责人姜伟针对外国媒体提出的劳教制度问题指出，劳教制度的一些规定和认定程序存在问题。改革劳动教养制度已经形成社会共识，相关部门作了大量的调研论证工作，广泛听取了专家学者和人大代表的意见和建议，正在研究具体的改革方案。

这个具体的改革方案究竟应如何设计，学术界和实务界目前均有不同意见，尚未完全形成共识。有人主张完全废除，以治安管理处罚和刑罚取而代之；有人主张通过建立类似国外、境外的保安处分制度，将劳动教养制度纳入保安处分的范畴；有人主张改造、重构劳教制度，使之司法化或准司法化。笔者倾向于第三种方案。

笔者之所以不同意第一种方案，是因为现行劳教制度虽然有种种弊端，但如果完全废除，对现行劳教的对象，如未成年人犯罪（杀人、抢劫、强奸等）怎么处理？没有适当的替代方案，对这些人总不能不处理、听之任之吧？如果对之适用治安管理处罚，无论是罚款还是拘留（最多15天），均解决

---

* 作者为北京大学法学院教授。

不了问题；如果对之适用刑罚，又对他们的未来前途影响太大。

笔者之所以不同意第二种方案，是因为我国现行劳教制度适用的对象与国外、境外保安处分制度适用的对象不同。国外、境外保安处分制度主要适用于有社会危险性的精神病人、吸食毒品的人、某些传染病人（如麻风病人、花柳病人）、酗酒的人等，而我国现行劳教制度主要适用于具有违法犯罪行为，但不适用刑罚处罚的人。

笔者赞同第三种方案，即对劳教制度进行改革、重构。劳教制度改革、重构，应从劳教的目的与功能、劳教对象、劳教决定程序、劳教方式和劳教救济途径五个方面着手，其中最重要的是改革劳教决定程序，使之司法或准司法化。

关于劳教的目的与功能，国务院最初发布的关于劳教问题的决定确定为两项：一是将被劳教者“改造成为自食其力的新人”；二是“维护公共秩序，有利于社会主义建设”。但是现在不少地方往往只重视劳教维护社会秩序的目的与功能，将之视为“维稳”的重要手段。为了“维稳”，甚至可以忽视尊重和保障人权原则，任意扩大劳教对象的范围、缩减劳教审批的基本程序，导致劳教性质的异化。现在我们对劳教制度进行改革，首先即应进一步明确劳教的基本目的与功能是“矫治”：教育被劳教者，使之认识违法行为的错误与危害，从而在今后不再实施违法行为（在这个意义上，可以考虑将“劳教”制度改名为“违法行为矫治”制度）。当然，劳教除了矫治的目的与功能外，仍然应有维护社会秩序的目的与功能，但这一目的、功能必须受尊重和保障人权原则的制约。

关于劳教对象，国务院最初发布的关于劳教问题的决定确定为四种人，1982 年公安部发布的《劳动教养试行办法》扩大为六种人，2002 年公安部发布的《公安机关办理劳动教养案件规定》又扩大为十种人，范围越来越大。现在我们对劳教制度进行改革，对劳教对象的范围无疑应加以限制和缩减。劳教对象应主要限于违反治安管理，屡教不改，但又不能予以刑罚处罚的人（如行为尚不构成犯罪，或行为虽构成犯罪但行为人不满 16 岁，或依法应免于刑事处罚的人）。因此，在现行劳教对象中，应去除初次实施违法行为的人，去除所谓“无理取闹、扰乱秩序，且拒绝、阻碍国家机关工作人员执行公务”的人，去除赌博、卖淫、嫖娼的人，去除吸食、注射毒品的人，去除“危害国家安全情节显著轻微”的人。对于这些人，应通过其他制度治理，法律不应赋予劳教制度以治理这些社会问题的功能，不能用一个制度去解决不同性质的问题。法律更应禁止任何地方、机关或个人以“维稳”的名义或其他任何名义对批评政府的公民或向政府提出申诉、控告、检举、上访的公民适用劳教。

关于劳教决定程序，根据《公安机关办理劳动教养案件规定》，公安机关自设劳动教养审批委员会审批劳动教养案件，并以劳动教养管理委员会的名义作出是否劳教的决定。这种劳教决定程序是明显违反正当法律程序原则的。根据正当法律程序原则的要求，任何国家机关作出涉及公民人身自由的决定，都必须适用司法或准司法的程序：行使调查、指控职能的机关应与行使裁决职能的机关分离；应给予被调查、指控人陈述、申辩的机会；裁决程序应有被调查、指控人和他聘请的律师或其他代理人参加，应为被调查、指控人和他聘请的律师或其他代理人提供与调查、指控人进行辩论、质证的机会；决定程序（除依法应保密的以外）应公开进行，允许社会公众旁听。我们现在对劳教制度进行改革，最重要的是应该改革劳教决定程序，使之司法化或准司法化，以体现正当法律程序原则。

关于劳教方式，《劳动教养试行办法》规定劳教在专设的劳动教养管理所执行，实行劳动（每天不超过6小时）与教育（每天不少于3小时）相结合。我们现在改革劳教方式，可考虑“两条腿走路”：根据被劳教人违法行为的性质和对社会的危险程度，决定在社区对其进行矫治或在专门的劳教场所对其进行矫治。作为劳教，当然既要有劳，更要有教，要通过各种教育方式，感化被劳教人，使其认识错误，改变思维和行为方式。至于劳教矫治的时间，一般应以半年或一年为限。个别到期矫治不达标准的，可通过司法或准司法程序决定再延期半年或一年。

关于劳教的救济途径，《劳动教养试行办法》规定被劳教人对劳教主要事实不服的，可由审批机关组织复查，经复查后决定撤销还是维持劳教决定。我们现在改革劳教制度，不应忽视对劳教救济途径的完善。新的法律应在两个阶段为被劳教人提供救济：一是劳教决定阶段，被劳教人对劳教决定不服，可以申请复议或提起诉讼；二是在实施劳教矫治阶段，被劳教人对劳教或矫治机构采取的劳教矫治措施、方式、实施的惩戒行为不服，同样应该可以申请复议或提起诉讼。

限制人身自由的劳动能否教养出道德高尚的社会人

莫于川 *

【警世言】既然劳教的适用对象如此之少，救济难度如此之大，就不要把这个包袱当做权力死拽在政府机关手里。重新塑造一个人，当然是政府的管理和服务职能，但更是很多社会主体的共同社会责任，把它进行分散化安排处理，共同治理的社会效果可能更好一些。而且这样的社会管理创新做法，或许有助于把当下人们对劳教既定、固化的负面评价化解开。

对于劳动教养制度，人们困惑争论了几十年，现在有了深入反思和讨论的新契机。由于近期的唐慧案、任建宇案，以及《司法改革白皮书》发布会的公开问答，使得我们有机会集体拷问年岁快一个甲子的劳动教养制度将何去何从。

对于劳教制度的基本评判，可谓见仁见智，我的看法是有功有过、功过参半。但这是历史性、总体上的评价。这就像同态复仇、家庭成分、计划经济等理念和事物一样，在起初阶段、一个时期、特殊情况下，发挥了社会关系调整器的作用，也许还有功；但后来就发生偏差、滞后、恶化、异化，暴露出越来越多的问题、痼疾甚至罪过，功不抵过。比如传统的计划经济，当初我们不真正懂得市场经济，也不敢选择市场经济，唯一的选择是学苏联模式搞计划经济，让新中国度过了建国初期的困难岁月，生存下来再谋发展；但后来其弊端显露得越来越多，致使国民经济到了崩溃边缘。经过艰苦探索和反复争论，到 1992 年邓小平“南方谈话”后我们逐渐摒弃

---

* 作者为中国人民大学法学院教授。

计划经济，坚决走上现代市场经济道路，好像天并没有塌下来啊！

在国家主义、国家至上的理念之下，主管机关运用劳动教养工具的考量是：“少花钱，多用工，好管制，图省心。”可是，人的自由、尊严、快乐在哪里？这些并不在主事者的考量中！一个人一旦被主事者视为行为不规范，或者视为“另类”（例如上个世纪50年代颁布的《转批中央十人小组关于反革命分子和其他坏分子的解释及处理意见的政策界限的暂行规定》明确作出了类似“株连九族”的如下规定：“某些直系亲属在土改、镇反和社会主义改造中，被杀、被关、被斗者的家属……可送劳动教养。”），就强力剥夺其自由、尊严、快乐，“一人劳教，家人（族人）蒙羞”。如此严重侵犯人权的制度，非但不能造就道德高尚的社会人，反而增加了社会不稳定因子。因此，对于劳动教养制度，我的基本观点是废止它，因为它现存的有限的合法性、正当性、有效性、公认性正逐渐丧失。

《司法改革白皮书》发布会上，姜伟副秘书长在回答国外记者提问时说：“劳教制度是由中国立法机关批准的法律制度，有法律依据。”其实，法律常识告诉我们，即便“经过批准”、“有法律依据”，也未必是良法、善法。何况，“经过谁批准”与“由谁制定”，在语感上，在实际操作和效果上，还是有很多的不同。在我国的现实国情下，行政机关制定了一个文件送过来，立法机关不好不批，也就只好批了；一旦行政机关拿到尚方宝剑，就按自己的需要去适用，可能会适用得几无边界、面目全非、惨不忍睹。鉴于历史教训，所以《立法法》之后，不再搞旧的批准制，实行谁盖章就由谁负责，就属于哪个位阶的法律文件和效力。

关于劳动教养的概念，望文生义都会让人感觉有疑问、很犹豫。劳教问题是一个老大难的问题，是一个复杂概念、复杂事物，完全可以从多方面进行解析。对于劳动、教育、养成，可做如下语义分析：劳动虽然光荣，但一般人还是有点想不劳而获，这是潜伏在人们心中的一颗小小的种子，可见当今世界，劳动还是外加的、外在性的。这里说的教育、养成也是外在的，总体上不是自我教育，而是剥夺和部分剥夺自由的基础上施加外部教育，外在地给予一个刚性的惩戒。所谓养成、养育，其实是自己养活自己，按照1955年8月25日中共中央发布的《关于彻底肃清暗藏的反革命分子的指示》，这叫做“集中起来，替国家做工，由国家给与一定的工资”。

关于劳动教养制度的产生背景，特别值得分析思考。姜伟副秘书长的讲话中提到，“劳教制度的一些规定和认定程序也存在问题，改革劳动教养制度已经形成社会共识”。推出一个制度，使它具有合法性、正当性，还增加美观度、有效性，当然好，但更重要的前提是，为什么要有这个制度？仔细想想，建立劳教制度的前提就存在大问题。当时是阶级斗争论占主导，强调阶级斗争，忽视人权，尽管劳教制度在推出时就有不同看法，但终于被强力推出并逐渐放大，后来在维护社会稳定大局的理由之下，难免被滥用。对此，必须面对并反思这段历史伤痛及其留下的现实痕迹。

关于劳动教养的性质和功用，长期存在争论：它是一个行政强制还是一个行政处罚？在我看来，单纯视其为处罚也好、强制也好，都没有完全包容，因为还有附加功能——重塑，这是处罚、强制之外的改造功能。俗话说，十年树木，百年树人。一个人的想法和行为独特，未必是病态，未必要矫正。好似一棵树，有点弯曲甚至非常弯曲，就存在不同的审美角度：一种观点认为它很不美观，可是换一种角度看可能认为它特别有价值，弯弯曲曲多美呀！如果非要强行把它弄直，是否悲催？故应学会变换角度观察和尊重他人。具有如此多功能的复杂事物，如此复杂的性质判断，要设计出具有合法性、正当性、有效性以及美观性的劳教法制，真是难为了立法建制者，难免事与愿违。如果上述前提性的问题没有解决好，劳教制度细节无论怎么改进都会事倍功半。

关于劳教的有效性，有一个比喻。如果你是美容师、矫正师，需要重塑你的工作对象，用什么办法？一般有四种方法：一般环境一般举措，一般环境特殊举措，特殊环境一般举措，特殊环境特殊举措。改造一个人的思维方式和行为模式，特别是改造人心，谈何容易？是否可能？放在什么环境、采用什么方法进行？例如对于有残疾的学生如何教育培养，就涉及尊重和保障其权利的问题，涉及如何实现基本人权的问题。正常的学校教育是一般环境，如果将有残疾的学生单独开班甚至送进特殊学校，这是否有利于对他的教育培养？又如上课时老师发现学生迟到，或者学生讲话影响课堂秩序，就令其站立上课，或者坐在教室最后或最前一排单独安排的座位上上课，这样一来那位学生可能不敢讲话以免出丑，但这样的处置或惩罚会对他的心理产生何种影响？他长大后会否成为不够阳光、社会化常常受阻的人？劳教场所就是特殊环境。劳教就是特殊环境一般措施（更严厉的是劳改——特殊环境特殊措施）。我认为应选择一般环境一般措施，只有非常必要时才采取一般环境特殊措施，这有利于上述学生成长为阳光男孩、女孩。种瓜得瓜、种豆得豆。百年树人是关乎国家和民族存亡的重大课题。怎样有利于人的塑造，还须反复检讨和改进。采取什么样的矫治政策就会重塑出什么样的社会人，如果这个问题不考虑好怎么进行合法、合理、有效、人性的制度设计？

关于劳教的有效性，还有一个观察角度。比如“劳教之后”，劳教对象真的“改造好了”，成为社会稳定因素了吗？这需要复杂的量化研究和比较研究，才能获得有说服力的判断，可惜这样的研究成果非常缺乏。俗话说“江山易改，本性难移”。一个人如果已走上歧途，能否指靠强制方式矫正其“不良的思维方式或行为模式”，使其走上一条新路？这存在很大的疑问，尚需更多的理论和经验证实。我国13亿人口，劳教对象几万人，投入很大、产出不明，如此庞大的法律制度得到如此多的负面评价，甚至变成一种催生无数人权悲剧的工具，这样的制度难道无须进一步反思？我觉得应有更客观、更量化的研究成果作为认知和判断劳教制度存废改造的基础，进而寻求法律效果与社会效果更加统一的制度选择。

最后谈谈劳教制度的出路。

首先，“有用、好用、惯用”，能否成为判断制度存续的理据？存在的事物自有其道理，但此一时彼一时，特别是在“人权入宪”之后更需要换一个角度认识此类问题。行政法讲“过罚相当”，刑法讲“刑罚相当”，对于“行为失范者”的重塑要谨慎、相当，不能违反比例原则。刑事制裁可以只是几个月的管制、拘役，而针对不当行为、违法行为的劳教，虽然一般是半年左右，但从理论上说可以是“3+1”。长达四年的人身自由受到限制，实践中甚至还有劳教（或变相劳教）长达十多年、二十多年的极端个案。所以，“有用、好用、惯用”不适合作为存续理据，或曰理据不足，因为不符合现代法治的基本原理。

第二，虽然《司法改革白皮书》没有涉及劳教制度改革问题，但姜伟副秘书长在回答记者提问时表了一个态（它存在问题但已形成改革共识），这算是一个改革契机。抓住这一契机有一个最大的理据，就是我国宪法的人权条款。2004年修宪时把“国家尊重和保障人权”写进宪法，尽管当时有争论认为这个没有用，但现在的主流共识认为这非常有用。这次选择的突破点应是强调落实宪法精神，强调尊重和保障人权，强调以人为本。“人权入宪”已走过八年路程，法治实践中已有一些变化，例如制定《物权法》、《国有土地上房屋征收与补偿条例》；但也有许多被忽视了，比如劳动教养。劳动教养可以解读为劳动教育、劳动教化，对此我国行政法制建设有一个重要变化：1996年出台的《行政处罚法》的提法是“处罚与教育相结合”，“教育”二字放在后面；但时隔15年之后，2012年1月1日开始施行的《行政强制法》，其所强调的法律原则是“教育与强制相结合”，“教育”二字已放在前面。这就是“人权入宪”或曰行政法制民主化带来的变化。

最后，结合当下提出的社会管理创新，我觉得劳教的适用对象既然如此之少，救济难度如此之大，就不要把这个包袱当做权力死拽在政府机关手里。重新塑造一个人，当然是政府的管理和服务职能，但更是很多社会主体的共同社会责任，把它进行分散化的安排处理，共同治理的社会效果可能更好一些。而且这样的社会管理创新做法，或许有助于把当下人们对劳教既定、固化的负面评价化解开。至于主管部门觉得手中没有控制工具，万一不能有效控制局面怎么办？没有强制手段无法完成任务怎么办？我想，偌大的中国，各色人等存在于社会中，这个社会不会因此崩塌。犹如孙志刚事件发生后我国坚决废止了收容遣送制度，虽有不同看法，但逐渐过渡为救助制度毕竟发挥了人性化管理和服务的特殊功用，也符合行政法治发展的世界潮流。当然，如果立法机关形成共识，决意保留类似的行为矫治制度，直接制定一部新法调整有关社会关系，我觉得只要坚守人的尊严和人权底线，注重运用柔性管理方式，尽管不是最理想的选择，这种改进也算是向前推动了一步。毕竟法治进步（也是一种政治改革）很不容易，一小步、一小步地迈进也不错，总比原地踏步甚至倒退好很多。

社会舆论与司法独立

吕景胜 *

社会舆论乃社会公众与媒体言论之总和，主流社会舆论可以反映基本民意。近年来个别公众热议案例出现了社会舆论与司法判决相悖的现象，部分观点认为，社会舆论不当地影响了司法独立判案，甚至出现了社会舆论绑架司法，干预司法的现象。笔者认为，有必要探讨社会舆论与司法独立的关系。

一、社会价值观对司法判案的影响

2010 年西安音乐学院大学生药家鑫驾车撞伤 26 岁女工张妙，虽然交通事故本身并不严重，但药家鑫发现张在记车牌，遂用水果刀连捅张八刀致其死亡。2011 年云南男子李昌奎奸杀少女摔死男童案一审被判死刑，二审又因“自首”改判死缓，引起社会关注，舆论认为给李昌奎这样“罪大恶极”、“灭绝人性”的凶残杀人者“免死牌”，有损正义，是司法不公。该两案被认为司法判决受到了社会舆论的影响。部分观点认为社会舆论不够冷静，以群众狂欢的方式处死我们的同类，此两判决与废除死刑趋势不符。笔者认为此两案争议中，有两个核心问题需要进一步梳理：第一，民意中所含社会价值观，即民众在论及此两案时反复提到的正义、公正等究竟包含什么内容？民众主张的正义、公正仅仅是同态复仇、杀人偿命？第二，以废除死刑为未来趋势来论证药、李两案不该判处死刑是否妥当？

笔者认为上述两刑事案中公众所言正义、公正的内涵丰富，应包含如

---

* 作者为中国人民大学商学院教授。

下内容：

（1）严惩恶行恶德，诉求法的正义。犯罪嫌疑人主观恶性大，手段特别残忍、情节特别恶劣、后果特别严重，其罪行极其严重，社会危害极大，重罪重罚、罚当其罪，处以极刑有现行法律根据。民众要惩罚的不仅是人，更是恶行恶德，基于朴素的道德人伦判断，民众不能容忍如此恶行恶德，此恶行恶德没有罪罚相当，在民众看来等于容忍助长恶行恶德。

（2）恢复秩序，实现法的制度功能。犯罪是对社会秩序的破坏，制裁罪犯是对秩序的修补与恢复。法国社会连带法学家杜尔克姆早就说过，刑罚的作用和意义并不是使人害怕或威慑别人，而在于使共同意识得到满足。共同意识为集体的一个成员的犯罪行为所伤害，它要求补偿，对罪犯的惩罚就是对所有社会成员的感情给予补偿。杜尔克姆所说的共同意识既是法律制度确认的成员共同守则，如尊重他人生命，也是社会成员内心深处的集体意识。公众在对暴行的恐惧中深深同情被害者，也是深深担忧今后自己的处境：会不会在一个丧失基本人伦和基本法律的无序社会，在一场普通的交通肇事案中随意被捅八刀。公众内心深处的潜在情结是诉诸法律的公正恢复秩序使他们获得社会环境的安全保障，这才是公众主张正义、道义、公正的深层内心动机，即他们深深渴望与期盼安宁的社会环境。安全本来就是法律的价值之一、正义的内涵之一。秩序涵盖着安全、维护着安全，秩序的目标就是个人与社会的安全。

（3）质疑司法公信力，要求公正审判。民众的网络意见形成了相当专业的分析，梳理网民意见可见：第一，如上所述，重大恶犯处以极刑有法律根据。第二，两案都不应属自首，药、李两犯都是在案发三四天后被迫投案。第三，即使是自首，也仅是可以减轻，并不是必然减轻刑罚，而两案手段特别残忍、情节特别恶劣、后果特别严重，其罪行极其严重、社会危害极大，符合死刑条件，不符合减刑条件。第四，李案已不属邻里纠纷，纠纷是指争执不下的事情或不易解决的问题，特别是法律问题，如质量纠纷、债务纠纷、财产纠纷等，李案没有事件及问题争议，李与被害人并非男女朋友的恋爱关系，也无财产往来，只是求婚不成起杀机。第五，免死必须得到被害人家属谅解，此两案都没有得到被害人家属谅解。第六，药案罪重已判死刑，李案同样罪重，应同案同判以示司法统一。

综上所述，不能将民众意见简单化，而应分析民众意见中的合理成分。民众反复提到的正义、公正，不能简单地理解为仅仅是同态复仇、杀人偿命。民众只是对如此恶犯极犯才要求适用死刑，而并没有对一般故意杀人案犯或过失杀人案犯如此强烈地要求适用死刑，不可低估民众对法律的理解、对公正的理解。法官的判案思维中应有道义选择和价值判断，应对民众主流社会价值观有所敬畏，有所选择。

社会价值观有其特定历史阶段性，以废除死刑为未来趋势来论证药、李两案不该被判死刑笔者认为亦不妥。药家鑫、李昌奎两案是否执行死刑是一个法律适用的社会效果问题，应注重法在现行社会运行中的社会效果。一项制度、一个判决如果与社会底线价值观、政府追求的宏观管理目标（社会安全）、社会大众的心理期许相矛盾，是怪罪民众愚昧，还是检讨制度与判决本身？药、李不执行死刑，社会效果如何？民众说“药不死，法律死”，虽偏激，但提出一个问题，民众如果对法律更加失去信心，是不是法律追求的初衷？

废除死刑是未来趋势，虽然国际上已有三分之二的国家废除死刑，但在我国，废除死刑将是一个渐进的过程，且一项制度与权利的存废与取舍、引进与借鉴要考量基本国情下的历史阶段与现实社会发展水平。死刑存废问题更应综合考量我国目前社会传统、民众心理、威慑惩戒犯罪、威慑腐败、社会秩序保障等诸多综合因素，理性看待死刑存废及渐进过程。死刑问题不仅只是学者书斋中的个人学术旨趣，更是国家调整社会的工具。法律是一种“高度专门化的社会控制”，学者可以洋溢学术气质以未来审视今天，治国者则必须立足今天以法律工具治理现实。

我国近年已大幅度削减死刑罪名，严格限制死刑适用，最高人民法院也已收回死刑核准权。废除死刑作为未来的趋势与解决今天的问题不应冲突，不应以未来趋势而对现实案例做超越现实的拔苗助长式的判决。不可机械理解法律条文，“少杀、慎杀”不是不杀，罪罚相当要求该杀则杀，死刑本为极大暴力恶犯所备，没有废除前就应执行现行法律。树立废除死刑的样本不能拿一个罪罚不当的案例当标杆，进而牺牲当下社会价值判断，触碰公众心理底线和社会道义底线，否则其判决将影响司法公信力。法官在运用自由裁量权判案时应适当综合考量历史传统、现实国情、社会发展现状、民众价值观、民众期待、社会习惯等因素。

二、司法独立与社会沟通

在现代文明、法制、公民社会，民众对国家管理、公共决策、社会公共事务、社会热点问题发表评论本是宪政体制下公民权利，特别是宪法保护的言论自由权利的题中应有之义。近年我们看到民众对执法滥权、食品安全、建筑质量、环境污染等群体事件都有不同程度参与，很多见解具有专业性和真知灼见。民众对法律事件的关注和对上述群体事件的关注一样，无可厚非。社会舆论基本上是良性和积极地帮助政府机构、司法机关、企事业单位、社团组织加强管理，纠正错误，对严格执法、秉公办事起到了很好的监督作用。民众对司法事件的关注也属正常。此处民意舆论是指如药、李案件事实已认定清楚，媒体与广大民众就如何量刑判决对案件的议论，完全不同于佘祥林、孙志刚等冤假错案中受害人家属在没有认定清楚事实与证据以前的少数人意见和意志。

关于司法独立与社会舆论，一般通说，社会公众以及报纸杂志、广播电视等媒体会在信息不真实不对称的情况下对案件扭曲炒作人为放大煽动，并带有非理性非专业情绪化成分，而司法是一种高度理性化的职业，为避免舆论不当影响甚至干扰司法独立判案，司法应远离媒体和舆论。著名法学家贺卫方教授曾引用英国大法官丹宁勋爵的话来说明此点——“我们决不允许法院以外的‘报纸审讯’、‘电视审讯’或其他大众传媒的审讯”。笔者基本同意上述观点，也深深理解丹宁勋爵与贺卫方教授对“报纸审讯”和“电视审讯”的合理担忧与必要警惕。但显然西方社会舆论与司法独立之关系与我国舆论与司法独立之关系有所不同，十几年前的媒体舆论形式与今天网络时代的民意表达有所不同：

（1）国情不同。与我国相比，西方国家媒体作为无冕之王更为强势，私有化程度高，背后往往存在着经济实力强大的操纵者和推手，我国媒体公有化程度高，新闻监管更为严格，新闻媒体一向被视为党和国家之喉舌，与党和国家（包括司法机关）保持一致，在严格的新闻审查中肩负着维稳重任。

（2）新中国成立以来，我们很少听说新闻媒体误导法院误判冤案、大案、要案的事件与案例，而经常见诸报端的是新闻媒体揭露司法腐败的沉案、冤案、大案。

（3）丹宁勋爵与贺卫方教授十几年前对“报纸审讯”和“电视审讯”的合理担忧和必要警惕与十几年后的今天网民评论上述两起大案还是有些区别。报纸电视这种传统媒介无论在十几年前还是在今天，都存在着有预谋有组织有计划的幕后推手，诸如利益集团或行业协会；而药、李两案中参与评论的网民完全是分散在天南海北、互不相识、无组织无预谋无计划的平民百姓，完全自发，虽然其间也不乏专业人士。

（4）丹宁勋爵不可能想到今天网络时代民意的形成较之以往更具自发性和迅捷性。互联网时代，具备高中文化水平的网民只需输入诸如死刑、死缓、自首、情节特别严重、手段特别残忍等关键词，顷刻间便可搞懂或半懂案件的来龙去脉，加上专业人士的点评，各种意见经网络平台瞬间的碰撞、交汇形成信息洪流，其辐射之快之广无法改变难以控制。

（5）近年部分学者在谈到舆论、民意与司法独立关系时经常提到佘祥林、孙志刚案等因法院曲迎“民意”造成冤假错案。笔者认为佘、孙冤案与药、李两案案情性质、事件内涵完全不同，无法比对。佘、孙案法院曲迎的不是“民意”，不是主流社会舆论及社会价值观，而是曲迎了受害人家属等小众群体压力、地方官员压力，在事实认定不清、司法程序有瑕疵的情况下误判、错判，而药、李两案是在事实认定清楚的情况下，媒体与广大网民的自发议论。

面对网络时代的民意，司法机关应如何待之？民意与司法独立的距离与界限何在？司法机关如何提高与民众沟通的技巧？民意是干预误导司法，还是监督了司法？

（1）笔者建议司法机关在与民众民意沟通时，放下身段放宽心态，不要先入为主认为自己可以垄断话语权并主宰真理。第一，中国法学历经30多年成为社会显学，社会法律知识水准、法学人口之重与二三十年前不可同日而语；第二，网络时代民意、大众与强势组织的沟通已远远不是早些年代垂直型沟通，即单向灌输式沟通，你说他听、你压他服、你判他从。

（2）民意表达与司法独立可能没有人们想象的那样水火不容。民意表达与司法独立本是两条不相交的平行线，彼此隔岸相望。民意有权表达，司法有权不听，关键问题是如果司法判决在公众视野下经不起专业推敲和讨论，民众要是说对了，又与司法的判决不一样，那就是错案、冤案。

法治发达的美国尚有错案，我国也有错案，虽然我们的法律制度中有两审、再审、抗诉等等设计，但许多错案、特别是冤案的发生恰恰证明所有司法救济制度失灵，那民意表达自然成为社会对司法实施监督的最后一道防线，所以我们更多看到的是社会舆论揭露司法腐败而不是干预司法独立。手无寸铁的百姓无法强制司法断案，只要民众不走极端路线冲击法院，仅仅停留在议论、评论、表达的层面上，就不是舆论干预司法。网络时代民意表达事发前不可预测，事发后不可控制，与其封杀不如疏导，有距离淡定地尊重民意，有分析独立地判断民意，有专业素养理性地选择民意可能是网络时代司法机关与民众沟通的要旨。不要忘记，发达国家成熟法制下还多实行陪审团制度，将是否有罪的裁断权交给不具备法律专业知识的普通人。陪审团成员来自民间，民意与司法权、司法独立可以共存，必要时可成为监督司法的无冕之王。

中国式司法的困境

——对李怀亮案的反思

沈海平*

一

近日，媒体报道河南平顶山村民李怀亮11年前因涉嫌一起谋杀案，经七次审理三次判决，均因事实不清、证据不足而被上级法院撤销。目前案件陷入有罪证据不足、无罪释放又压力重重、进退失据的两难境地。在被告人已被超期羁押长达10余年的情况下，案件仍被无限期悬置，当地政法机关迄今找不到"解套"的办法。更为奇特的是，平顶山市中级人民法院为阻挠被害人亲属上访，与后者签署一项协议，"承诺"对被告人判处死刑。(《半月谈》2012年第6期)看到这条消息，着实让人"拍案惊奇"。然而，仔细想想，它又非常合乎中国的司法逻辑。这一案件其实为我们提供了一个很好的标本，让我们能够仔细地观照中国式司法的现实困境。

发生命案，被害人亲属处于巨大的伤痛之中，社会人心惶惶，如果不能及时侦破，不仅使凶手逍遥法外，而且让社会民众（包括凶手）窃笑执法机关的无能。所以各地执法机关历来奉行"命案必破"。然而破案又岂是那么容易，需要侦查人员具有高超的智慧、察微析疑的敏锐、缜密的逻辑推理，外加尖端的科技辅助手段等。而这些条件，对于中国的侦查机关及侦查人员而言，多数还难以达到。从本案报道来看，当地执法机关仅仅根据李怀亮到过案发现场的附近（和被害人一样，也于当晚去现场河堤摸过"爬叉"），就将其列为唯一重大嫌疑人，然后是拘留、逮捕。接下来就使用可以想象的惯常手法，使犯罪嫌疑人最终交代了杀人的"犯罪事实"。

---

* 作者为国家检察官学院副教授。

这种猜谜或押宝式的侦查破案方法潜藏着巨大的风险。仅仅在河南，近年媒体披露的类似案件就有胥敬祥案、赵作海案、胡电杰案等，虽然当事人最终或因真凶现身，或因查无实据而还以清白，但他们大多有着长达十余年失去人身自由、被严酷逼供、被反复地判处死刑的恐怖经历，个人身心受到严重摧残，家庭生活支离破碎。

按说现行的诉讼程序设计提供了一套较为完善的错案（或疑案）过滤机制，即使侦查结论有可能存在错误或疑问，它还须受到公诉机关对事实和证据的严密审查，如果公诉机关认为事实不清或证据存在瑕疵、证明力不强，对被告人不会提起公诉；对于已经提起公诉的案件，还会受到辩护人“吹毛求疵”式的质疑，控辩之间会围绕被告人是否有罪进行激烈的攻防。更重要的是，负责审理案件的法官一般而言具有比控辩双方更高的理性和更敏锐的洞察力，而且在制度设计上法官处于更为超然独立的地位，因此被告究竟有罪与否，法官会有更为明智的判断。

问题是，以上的司法程序设计遵循的只是理论的逻辑，实际的司法程序并非完全按照这种逻辑来运行，而是有很多程序之外的因素加入进来，影响甚至左右司法程序运行的方向和结果。如在命案发生后，公安机关面临着来自相关部门及社会舆论“限期破案”的压力；检察机关作为公诉方，对公安机关的侦查程序和侦查质量行使审查和监督职能乏力；我国刑辩律师的抗辩及防错职能作用的发挥并不充分。此外，作为“正义的最后一道防线”的审判机关，也会因种种原因失守。这包括法官可能因控方有罪证据对犯罪嫌疑人形成定见，对辩方律师存在偏见或者不信任。此外，整个社会存在根深蒂固的有罪推定思维，从被告被执法机关采取强制措施起，社会（特别是被害人的亲友）已形成被告有罪的舆论，这种舆论足以构成对法院审判的压力。加上当地政法委对公检法定罪量刑的协调工作，等等。诸多因素，导致法院即使在审判中面对被告因事实不清、证据不足而出现“疑罪”的情况时，也不敢依据“罪疑从无”的原则而判定被告无罪，因为这样人们会怀疑法院的公信力。

二

李怀亮案经过七审三判，案件迁延十年有余，迄今没有一个明确的结论。虽然河南三级司法机关心知肚明——对被告人李怀亮定罪的依据不足，然而相关司法机关却不敢依照“罪疑从无”原则作出无罪判决或者作出其他形式的终结诉讼处理，而宁可放任长时期地、公然地、严重地侵害被告人的合法权利。其直接的原因是，一旦法院因被告有罪证据不足而判定其无罪，被害人母亲会上访，甚至采取跳楼等过激行为。因谁也不愿承担这种风险责任，该案只好被无限期拖延。被害人亲属的愿望暂时满足了，司法机关的风险责任得到了规避，“社会稳定”得到了维护，然而被告人所要求的公正则成为祭品。

在现代社会，正义（或公正）是一种普世性的价值，追求和实现正义是任何法律、政策、制度的出发点和归宿。中外法学家均把追求公正视为司法（尤其是审判）活动的最高价值。古希腊哲学家亚里士多德说过：“去找法官，也就是去找公正。因为人们认为，法官就是公正的化身。”这一切均说明，正义（公正）是司法追求的唯一的目的，此外不应该有任何其他目的。

在现今的中国，整个社会也都认为，公正是法律和司法应追求的价值目标。然而，问题在于，公正并非司法活动的唯一价值，政法干警核心价值观就清楚地表明了这一点，除了“公正”外，尚有其他三个核心价值，即忠诚、为民、廉洁。这四个核心价值的相互关系是什么？四者中有没有最为“核心”的价值？从官方的解释看，并不清楚。

如果说政法干警核心价值观体系内部尚可称得上和谐统一，四种价值维度尚看不出明显的相互扞格之处，然而在具体的司法实践中，司法机关实际上还有另一个（甚至是更重要的）目标——“维稳”，它与作为司法活动应然价值的“公正”之间有时难免会发生扞格。

社会不稳定的原因当然在于社会矛盾和冲突的产生，而司法机关恰巧又处于解决矛盾和冲突的最前线。于是，作为一种政治责任的维稳任务自然就落到司法机关的头上。面对一起被提交到司法机关的社会矛盾和纠纷案件，司法者不仅要考虑如何适用法律对矛盾和纠纷进行恰当的裁处，让纠纷各方获得与其法律上的权利和责任相适应的结果，实现司法公正，而且他还要考虑其作出的裁决会不会引起当事一方或双方的反弹，导致矛盾激化和更大的混乱。如果是这样，哪怕他的裁决是完全符合法律规定的、是公正的，在政治上也是不可接受的。

很多时候，司法机关的裁决引起的“不稳定”的后果并不一定是造成了某种社会混乱，仅仅是当事人不服裁决而进行上访，也是办案质量不高的表现，司法者要承担一定的责任。因为上访的发生破坏了所在地方“和谐、稳定”的形象。中国的司法机关存在着严重的地方化倾向，它与地方主管机关存在利益的一致性，在很多情况下，其追求的甚至不是公正地处理案件，而是“息诉罢访”。由此，不难理解平顶山市中级人民法院为了安抚被害人的母亲杜玉花不要继续上访，与杜达成“协议”：承诺对被告人李怀亮尽量判处死刑，而杜玉花也不再上访。虽然法院也知道，对被告人判处死刑因证据不足不可能得到省高院的维持，因此这样做只是一个缓兵之计，但是法院仅仅因恐惧于被害人家属上访或做出其他过激行为，而屈从于其压力，视庄严的国家审判行为为儿戏之举，实在是滑天下之大稽。

三

但是，仅仅从局外人的立场对法院进行嘲笑和指责是于事无补的，我们需要研究，法院究竟因何陷入这种进退维谷的境地——既因证据不足，不敢对被告人作出有罪判决，又因受到被害人家属的压力，不敢对被告人作无罪判决。笔者认为，关键的原因在于法院的司法理念和目标出现了迷失——司法应该以追求公正为目标还是以维护稳定为目标，同时法院也有自身利益的考量——不能因判决结果使自身利益受到损害。

任何一个法官都知道，判决必须建立在充分的证据所查明的事实的基础上，这样才可能使判决尽可能公正。追求公正不仅符合职业道德的要求，也符合法官自身的利益——如果法官无视公正的要求胡乱判决，一旦判决在事后被证明错误而被纠正，作出该判决的法官将会受到责任追究。因此司法公正是任何法官都不敢随便逾越的红线。但是与西方法官不同，中国的法官仅仅做到司法公正还不够，他还承担着“维稳”的责任。具体说就是，法官仅仅依照法律公正地处理案件还不算完成任务，他还必须通过行使审判权彻底地化解矛盾，让当事双方握手言和，不再缠诉，司法机关将这一工作原则概括为“案结、事了、人和”。近年来，作为中国司法机关的领导机关的中央政法委对全国司法机关提出的任务要求是做好“三项重点工作”（社会矛盾化解，社会管理创新，公正廉洁执法），并以此作为构建和谐社会的重要内容。在这里，化解矛盾被置于特别突出的位置，并为此而在全国司法机关推行“大调解”活动，而作为司法活动应然价值的司法公正则被边缘化。

由此看来，中国司法机关的真正困境在于，它不仅仅是一个“司法”者，有着追求和实现公正的天职，还承担着社会治理的责任，即通过司法维护社会秩序的稳定。公正是一种价值标准，而维稳则是一种功利的考量，两者由于性质不同，往往难以兼容。将这两者同时加诸司法机关的肩上，使之肩负不可承受之重，由此导致司法机关出现目标和方向上的迷失，以致进退失据。

当然，导致司法机关陷入困境的原因还有司法机关自身的利益因素。司法过程实际上就是一场利益博弈的过程，博弈的参与者不仅仅是原被告双方及其他诉讼参与人，还有司法（执法）机关自身。由于制度设计的原因（主要是错案追究制的存在），使案件的处理结果与司法者（广义的，包括警察、检察官、法官）的个人利益紧紧联系在一起。一起案件的司法程序一旦启动，相关的司法者会千方百计维护阶段性诉讼结论的正确性，要想回头（否定诉讼结论的正确性）已然很困难。诉讼程序走得越远，卷入其中的司法人员越多，回头的可能性就越小，即使经查证整个案件的诉讼结论存在错误的可能，要纠正也极其困难，聂树斌案是一个典型的例子，而李怀亮案则是另外一个例子。司法机关既要考虑地方主管领导的政治利益，又要考虑自身的职业利益，唯独没有人会考虑直接与诉讼结果有关的被告人的利益——长年不明不白地身陷囹圄，家庭分崩离析，全由被告人自己扛。

差额选官与电脑选官

何家弘*

2012年5月底，我应邀到莫斯科去参加了关于反腐败的国际研讨会。这次研讨会由俄罗斯立法与比较法研究所和联邦财政监察院共同主办。前者是当下俄国最具影响力的法学研究机构，直属于联邦政府。后者是俄罗斯重要的反腐败机构，主要职能是对政府的预算和开支进行稽核与审计。研讨会就在联邦财政监察院大厦内举行，主题是“反腐败的法律创新机制”，又称为“第一届欧亚反腐败论坛”。研讨会的规格很高，在出席第一天大会并发言的人员中，除了上述两个主办机构的领导人（据说都是部级干部）外，还有俄罗斯联邦杜马主席、联邦宪法法院院长、联邦司法部部长等高级官员和一些来自其他欧亚国家的官员。我应邀在次日的“俄中圆桌论坛”上作了主题发言。

这是我第一次来到莫斯科。会议之后，东道主热情地安排我们走马观花地游览了克里姆林宫和红场、圣瓦西里大教堂和基督救世主大教堂、无名烈士墓和胜利广场、古母百货大楼等景点。我感觉，莫斯科是一座美丽古老的城市，但是有点乱，主要是道路老旧，交通拥堵，路边停车杂乱无章。据说，在偌大的莫斯科市区，停车场寥寥无几。人们随意把汽车停放在街道两边，包括人行道上。虽然有些路段是明令禁止停车的，但依然停满了汽车，基本上没人管。偶尔有交警开个罚单，也就100卢布（约合20元人民币），没有威慑作用。陪同我们的保尔是莫斯科大学的汉语教师。他说，俄罗斯的交警最腐败。如果有人开车违章被交警抓住，一般都能花钱了事。他们称之为“社会腐败”，比政府高层官员的腐败更严重。对此，我也有

* 作者为中国人民大学法学院教授。

反腐败研讨会会场

亲身的体验。

6 月 1 日上午，我们来到位于莫斯科西南山坡上的“新莫斯科大学”。该校旧址在城市中心的克里姆林宫附近，即“老莫”。而“新莫”建于 1953 年，主楼总高 240 米，尖顶上是一个五角星徽标，两侧的副楼上各装有一个直径 9 米的大钟，整个建筑堪称气势恢宏。我们走进主楼的大门，想到里面去参观，但是坐在安检门边的警卫不许我们进入。保尔没带教师工作证，解释了半天也无济于事。我们不无遗憾地走出大门后，保尔小声问我身上有没有 100 卢布的钞票。我说有，便掏出钱包。他取了两张，攥在手中，向站在门外的另一名警卫走去。他小声向警卫说了几句话，并把手中的钱塞进警卫的手中。那名警卫若无其事地看了我们一眼，转身向大门走去。我们跟着他来到安检门，只见他向那个坐着的警卫做了个手势，就让我们进去了。我们高兴地走进主楼，观看一番，并且在斯大林曾经演讲的大礼堂中照相留念。

当下中国的腐败问题也相当严重，而且这腐败不是个体性的，是制度性的，是社会性的。所谓个体性腐败，即主要因为个人的道德品质低劣导致的偶发性腐败。在任何国家和地区，无论社会制度是否健全，这种腐败都可能存在，犹如杀人、盗窃、强奸等一般犯罪。所谓制度性腐败，即主要因为社会制度缺陷导致的多发性腐败。在这种制度下，不仅坏人恶人会腐败，不好不坏的一般人也会腐败。由于人类的先天基因中既有善缘也有恶端，所以社会中的大多数人都可归入不好不坏的范畴，于是这些制度缺陷就很容易造就出串贪、窝贪、片贪。所谓社会性腐败，即主要由于社会环境和文化传统的因素造成的普遍性腐败。它与制度性腐败往往有常态联系，但它已不仅是政府官员的腐败，而是蔓延到社会各行各业的腐败，譬如社团、企业、学校、医院等等。如果是个体性腐败，那么反腐败的基本措施就应该是严惩犯罪者，威慑一般人。俗话说的“杀一儆百”也比较有效。但是，面对制度性腐败和社会性腐败，仅靠惩罚个体来反腐败就难见成效。“杀一”不能“儆百”，“朝杀”还有“暮犯”，因此必须通过完善社会制度和改造社会环境来全面防范腐败。

吏政腐败是最要命的腐败，也是最难治的腐败，但是，整肃吏政又是反腐败的必经之路，而且会事半功倍。一方面，吏政清明可以提升官员的道德水平。通过行贿上台的官员很容易受贿甚至索贿，而以清廉方式上任的官员则更容易保持清廉。另一方面，吏政清明还可以促进整个社会的反腐倡廉。政府官员在社会中具有较大的行为影响力。官员腐败则社会腐败，官员清廉则社会清廉。那么，如何防范吏政腐败？常言道，人入仕途盼升迁，因此官员的选任方式就是官员行为的指向标，也是整肃吏政的切入点。

按照法律规定，我国的干部选任有两种基本方式：其一是民主选举；其二是上级任命。但是在现实中，干部的选任一般都是由少数人在幕后决定的。于是，民主选举是徒有虚名，任人唯亲则屡见不鲜。特别是在具备基本条件的人数超过选任人数的情况下，有权决定者往往会优先考虑自己的亲友，或者优先选拔自己的亲信，包括下属、秘书乃至司机。诚然，一些道德高尚或高瞻远瞩的领导在幕后决策时也能客观公允任人唯贤。可惜在当下中国，这样的领导难为多数。于是，“重关系”和“重站队”便成为官场的潜规则，请客送礼乃至买官卖官的现象也就屡见不鲜了。针对目前这两种干部选任方式中存在的问题，笔者建议通过两条路径来防范吏政腐败：其一是差额选官，让民主选举不再是传说；其二是电脑选官，让选任规则不再是摆设。

所谓民主，就是由民做主。所谓选举，就是有选才有举。民主选举制度就应该让“民”有真正的决定权，而这决定权一定是以选择权为基础的。例如，按照规定，一个城市的市长要经过市人民代表大会民主选举产生。但是在现实中，让人民代表投票表决的候选人只有一个，那就等于剥夺了人民代表的决定权，选举就成了走过场，民主就只是一个传说。虽然代表们可以投反对票或弃权票，甚至也可以在选票上写其他人的名字，但是具备基本常识的人都知道这没有实质意义。“一人候选”的做法无论如何都不是真正意义上的选举。

让民主选举不再徒有虚名的做法就是差额选举，即明确规定任何经民主选举产生的官员都必须实行差额选举。候选人由各级党委研究决定，但是一定要有差额。如果是单人职位，譬如市长，候选人就应该至少两名。我们可以先在县市长的选举中试行差额选举，然后逐渐上升至地市级、省级乃至国家主席。中华人民共和国《宪法》第79条规定：“中华人民共和国主席、副主席由全国人民代表大会选举。”差额选举才真正符合《宪法》规定的精神。其实，这样的做法对于选举结果来说不会有实质性影响，但是它体现了程序正义的法治理念，对于推进依法治国和政治体制改革都有重大意义。

目前我国各级干部的选任都有一定的规则和标准，但是决定者享有很大的自由裁量权，而且决定过程封闭、缺乏有效监督，于是这些规则和标准就成了摆设。决定者说你行你就行不行也行，说你不行你就不行行也不行。在这种行为导向下，一些干部不把主要精力放在本职工作上，而是一门心思经营关系，攀龙附凤，结党营私。在社会上，甚至有人为“关系学”著书立说。我们不能期望选任干部的决定者都是道德高尚或高瞻远瞩的人，因此必须通过制度创新来防范腐败。于是，我就想到了电脑。

电脑是死板的，是遵守规则的，也是不会接受贿赂的。因此，让电脑代替人脑去适用干部的选任规则和标准可以有效地防范吏政腐败。笔者建议，各级组织部门和人事部门应该在现有干部选任规则和标准的基础上，请计算机专家帮助开发各种职位的电脑评估软件，尽可能把各职务的要求和业绩考评量化。然后，在选任某个职位的干部（如处长或局长）时，把符合基本条件的候选人的相关数据输入电脑，然后由电脑做出评估，得分最高者即可获得该职位。我不是计算机专家，也不是人力资源专家，但我猜测这在技术上具有可行性。

“电脑选官”有两个要点：第一，量化指标的设计要科学合理；第二，输入输出的过程要透明公开。据说，某些部门在干部考评上已经设计出一些量化的指标，甚至在选拔干部时引进了民主测评机制。但是，由于这些数据并不公开，仅供有决定权的领导参考，所以没有发挥实质性作用。诚然，“电脑选官”缺乏人才选拔所需要的灵活性，电脑确认的数据也很难全面准确地反映候选人的综合素质，但是电脑的介入可以保障规则的严格适用，可以有效地防止任人唯亲和买官卖官，也可以促进官员群体行为方式的转变，即从“以关系为本”的行为模式转变为“以规则为本”的行为模式。这种转变不仅有利于依法治国，也有利于干部敬业精神的养成。各级干部不再为关系而奔忙应酬，就可以把更多的精力用于本职工作。说不定，这还能为我国减少公款消费做出贡献呢！

预防腐败的基本路径是民主与法治。不过，民主与法治各有专攻。对于防范高端腐败来说，民主应该比法治更为有效。对于防范低端腐败来说，法治大概比民主更为有效。差额选官体现了民主的精神，电脑选官体现了法治的原则。任何制度创新都是由人设计和推动的。本人反对以暴力革命的方式去创新制度，更不愿意看到动乱和内战发生在我们身边，因此，我期盼执政者能有开明之心和大智大勇，为中华民族的子孙后代创建更好的社会制度。

香港人怎样看内地人的反日游行

郝铁川 *

香港的传媒分左、中、右三类，平日里对同一问题很少具有相同的立场和观点。但这次对内地近日的反日游行示威，却表现出了惊人的一致。

先看左派（爱国爱港）报章的评论。《文汇报》8 月 21 日柳颐衡《保钓爱国可嘉　砸车失去理性》一文说道："内地有十多二十个城市，出现了不同规模的反日游行示威，宣示了 13 亿中国人捍卫国土的决心。可是个别城市示威中出现打砸车辆的违法行为，则过于偏激，失去理性。一个强盛的现代国家需要强大而理性的公民社会予以支撑，需要在关乎国家主权和领土完整的问题上发出理性声音、表达坚强意愿。因此，保钓爱国可嘉，砸车失去理性。理性爱国比冲动爱国、鲁莽爱国更重要更有利。爱国不仅需要热情和激情，更需要理性和智慧。"《大公报》9 月 17 日的社评《保钓要智慧，切莫入歧途》指出："爱国需要勇气，更需要智慧。只有依法理性地表达诉求，才能真正对日本起到震慑作用。在全国反日浪潮空前高涨的今天，尤其要防止这种爱国热情误入歧途。否则，'保钓'不成，自乱阵脚，钓鱼岛只会离我们越来越远。"

再看中间媒体的评论。《东方日报》9 月 16 日韩世光《反日示威不要示亏》一文指出："基于民族大义和领土主权，针对日本悍然将钓鱼岛'国有化'而发起的民间抗议活动是完全可以理解的。然而嘛，示威者有一事不可不察，千万不要做出愚昧无知的过激行为，例如日本人不要随便打，日本车也不要随便砸，否则示威变了示亏，一切显得理亏也。"《新报》9 月 17 日社评《民族主义是双刃剑》指出："中国的反日示威越演越烈，终

---

* 作者为中央人民政府驻香港特别行政区联络办公室宣传文体部部长。

于质变成为了大规模的打砸抢事件，不但破坏了无辜市民的日本汽车，甚至冲进了珠宝钟表店，大肆抢掠名贵手表。大型示威运动的失控，并不是奇事，因为在群情汹涌之下，人们很容易会被情绪盖过了理智，做出破坏社会的行为。民族主义是很有用的工具，既可以帮助国内的团结、维持国家的向心力，也可以向对方显示威势，在政治外交上压倒对方。然而，这必须好好运用，才能发挥威力，不至于误伤了自己。”《明报》9月17日社评《示威愈暴力　钓岛离中国愈远》指出：“内地的保钓热情升温，值得肯定，可是近日部分保钓示威引发的‘打砸抢烧’事件，令保钓运动失焦，蒙上极大污点。须知道，暴力示威，只会令钓鱼岛离中国远了，而不是近了。暴力示威看似强悍，却虚有其表，实质虚怯懦弱；和平集会看似温和软弱，内里却是无比坚毅及理性的力量，充分反映抗争者的决心与睿智。保钓示威必须采取和平理性的方式，方有可能在国际舆论战上获胜，方有可能成为中国官方捍卫钓岛主权行动的助力，暴力示威不单无济于事，反会拖着海监船的后腿，保钓之路将更难行。”《星岛日报》9月17日招敢《反日示威应理性》一文指出：“这种被日本媒体形容为‘暴徒式’的保钓示威，受伤害的永远不会是日本，得出效果不但无法‘同仇敌忾’，不利于保钓活动发展，还不利于争取国际社会的支持。当然仍有大部分的示威者，坚持理性，保持克制。明天是‘九一八事变’纪念日，希望各地的保钓行动，别再做出‘亲者痛仇者快’的蠢事。”《信报》9月17日丁望《游行暴力化类似义和团》一文指出：“任何抗议诉求和‘爱国感情’的表达，必须和平、理性，不应侵害他人的合法权益和人身安全，不应有义和团、红卫兵的‘造反有理’暴力亢奋。捣毁日本牌子的汽车、日本名称的饭店，是违背物权法，侵害私人财产，未动东京都知事一根毫发，却令‘同胞’受惊或财产受损。至于抢劫日资百货的劳力士名表等，是假‘爱国’之名的强盗行为，令中华民族、全球华人蒙羞。”

《经济日报》9月20日林美芬《义和团式爱国　势掀新移民潮》一文指出：“中日两国在钓鱼岛的争端，激发了全国民众的爱国热情，全国各地出现了大规模的反日保钓示威游行。但是，一些地方爱国游行中，出现了打、砸、抢、烧事件，有中国人开设的丰田维修服务店遭纵火烧光了，有商店被抢劫一空，多家日资企业要暂时停工，开日本品牌汽车的人要拔掉车头的徽章或盖上国旗，一些港资企业怕殃及池鱼，纷纷挂上国旗或表明是港资企业以求自保。上述打砸烧暴力爱国的行为，有着当年义和团和文革的影子，让人不寒而栗。”

同样，右派报章这次也大肆报道内地反日游行中的非理性现象，趁势攻击内地，鼓动港人对内地的不满。

香港 2010 年的游行示威活动有 5000 起以上，平均每天 13 起，但鲜闻有打、砸、抢的，和内地形成巨大反差，这说明了什么呢？从根本上来说，是素质的差异，西方人说“没有三代培养不了一个贵族”。但这素质不是天生的，是受下面几个因素制约的：

第一，经济发展水平。富贵的人比较珍惜生命，饥寒的人容易铤而走险。大体而言，人均 GDP12000 美元以上的发达国家的人在社会保障比较健全的条件下，同时比较注重言行的礼貌文明理性。香港人均 GDP30000 美元以上，而内地却只有 5000 多美元。

第二，法治水平。从立法意义上来说，“法不治众”是对的，立法不能以多数人为惩治对象。但从执法意义上说，违法不管是“众”还是“寡”，都应受到法律惩治。如果在执法上对某些人网开一面，那就掘开了违法的堤坝。香港在执法方面是严肃严格的，没有什么余地。

第三，社会整体文明素质。这里涉及受教育水平、官员以身作则、社会管理、民主参与等多种因素。

孔夫子曾说治国之道是“庶之”、“富之”、“教之”，还说教育、刑罚的关系是“道之以政，齐之以刑，民免而无耻；道之以德，齐之以礼，有耻且格”，又说官员的作用是“其身正，不令而行；其身不正，虽令不从”，大体不错，数千年下来，不出孔子所言之左右。执政规律确实存在。

培根晚年发现了金钱的阴谋

史彤彪*

"我把灵魂给上帝……把躯体留给一抔无名的黄土，把名字留给未来的时代和异国他乡的民族。"

这是英国哲学家培根（1561—1626）在遗嘱中，要人为其墓碑所刻上的铭文。

明显看得出来，培根相信自己将永垂不朽，名字将在未来的日子传遍全球。这一点他的确做到了，靠的是被译成世界上几乎所有文字的《培根论说文集》（美国《生活》杂志评价其为"人类有史以来的20种最佳书"之一），所创立的直到今天仍然为世人运用的"科学归纳法"，不可思议并令人叹息的双重人格。

毫无疑问，在培根的一生中，既有才华横溢、勤奋努力的正能量，也存在追名求利、投机取巧的负因素。12岁进入剑桥大学三一学院读书，15岁毕业投身政治，22岁成为下议院的议员，老早就显示出超凡的聪明智慧，天才覆盖于法学、科学、哲学、历史、散文等领域，所有这些都是正儿八经的真本事，绝不是忽悠来的。不过呢，他世故、玩心眼儿，昧良丧心的事也没少干过：对给钱送花园、替他还债的大贵人南安普顿伯爵，培根关键时刻站出来作证并指控人家阴谋弑君、篡夺王位，将其送上了断头台，得到了政府的1200英镑赏钱；结婚不过是为了钱，因为老丈人家财万贯，能给女儿大笔嫁妆；能当上国玺大臣、大法官，被封为男爵和子爵，很大程度上要归因于狂拍国王的马屁。因此，听其言，观其行，可谓天地之别。"就

* 作者为中国人民大学法学院教授。

培根（1561-1626）

智力方面来说，培根是伟大的；就道德方面说，他是很弱的。”[1]

1620年，培根做大法官也就两年的时候，命运和他开了个天大的玩笑——官场人生走到了尽头，因为受贿。一开始，他对调查人员的询问遮遮掩掩、不作正面回答，到末后还是承认了，毕竟自己做的事儿自己最清楚:“我冥思控告之缘由，深触灵魂。我尽心回忆卑人之过，我完全坦白地承认，我犯了受贿罪。”所指控的情形和现在几乎一样，有些人给他送现钱（每次100英镑或更多）或奉上礼物（金扣子、饰盒、钻石耳环等等），为的是能痛痛快快地立上案，尽量打赢官司，或者案子得以顺利执行。有意思的是，他坚持说钱是拿过，东西也收了，可并没有枉法，案子都是该怎么判还怎么判的。这话要是让那些行贿的人听了，会怎么想呢？也正是因为有人送了礼事却没办成而举报，他才东窗事发的。

“律法所在之处乃是一种圣洁的地方；因此不但是法官的座席，就连那立足的台，听证的围栏都应当全无仇视贪污的嫌疑才好。”“一次不公的判断比多次不平的举动为祸尤烈。因为这些不平的举动不过弄脏了水流，而不公的判断则把水源败坏了。”[2]有多少人能相信这两段精辟、无暇的论断，恰恰就是出自永远身负受贿罪名的大法官培根呢？也许培根在接受他人钱财的时候，心里不怎么别扭，觉得反正“法律还在我心中”，但这岂不是在对满怀着崇敬的心情引用他名言的人们说“我过过嘴瘾，你就听听罢了，别太当真而已”吗？

[1] Oliphant Sweaton 所写的绪论，载于《培根论说文集》，水天同译，商务印书馆2009年版，第20页。

[2]《培根论说文集》，水天同译，商务印书馆2009年版，第20页。

培根请求上议院“诸位阁下对卑人之堕落不要过重判处，而以宽容、怜悯置之”。判决很快就出来了：处罚金四万英镑；逐出朝廷，不得再任官职；囚禁在伦敦塔中，期限由国王来定；褫夺贵族称号。明眼人一看就知道这里头虚实结合，分明留着量呢。还真是的，结果罚金并没有实际缴付，人只关了四天就放回家了。这是为什么呢？很简单，培根和国王关系铁呗，他时不常地在下院替詹姆士一世的苛捐杂税费口舌冒白沫，一向得到青睐，此时此刻国王当然也没想把他真怎么样。当然，剥夺政治权利（永远不能为官、撤销贵族称号）这一项落实了。

就这样，培根回老家过起了隐居生活。受了身败名裂的刺激之后，培根热烈地转向曾长时间中断的学问之途，一头扎入了观察、沉思与创作之中，在生命的最后五年创造了科研奇迹。就挑重要的说吧，完成了《亨利七世史》，此书受到荷兰法学家格劳秀斯和英国哲学家洛克的称赞，认为这是具有哲学意味的史学著作的典范；修改了《论说文集》和《广学论》，为使《论说文集》成为一部“世界书”付出了毕生的心血。

在修改到《论财富》这个问题时，培根认认真真地核实了三个案子。

头一个是命案，乞丐杀子。约翰在外乞讨 40 年，好不容易攒下了 3000 枚金币。一天，他发现儿子头上有一顶非常华贵的帽子，一问这是花一枚金币从当铺里买来的。又问金币是从何而来的，儿子交底说是从 3000 枚金币中拿的。约翰听后气不打一处来，一拐杖下去便要了儿子的小命。之所以如此大动肝火下狠手，太抠是一方面，更因这些金币是他低三下四地一便士一便士讨来的，儿子竟敢用一枚金币买顶帽子戴，当然令其忍无可忍。

第二个乃民事案，姐弟绝交。伦莎和戴维是姐弟关系，年幼时就没了父母。为了养活弟弟并使他能有出息，伦莎 13 岁就做了妓女。在姐姐的资助下，戴维一心向学，考上剑桥大学三一学院（与培根成了校友），还有了美满幸福的家庭。就在弟弟准备报恩之时，伦莎提出断绝姐弟关系，永不见面。这是因为，她一看到弟弟，就自然想起了自己心碎的历史，并且弟弟越幸福，越会勾起她对不幸的回忆。

第三个为腐败案，贪污。兰姆是海军大臣，年薪 16000 镑（是一般伦敦市民的 50 倍）。但他生活俭朴得出了名，一天的开销从不超过二英镑。就是这样一个德才兼备的功勋人物，在伊丽莎白女王死后，查出贪污军饷 60

万英镑。令人惊讶的是，这些钱原封不动地藏在地窖里。兰姆无话可说。詹姆士国王下令将其处死。

有理由相信，在核实的过程中，培根也不会心静如水的，应该是由人推己地完成了一次反思忏悔、灵魂升华的旅程。

可他为什么要专挑这些案子呢？研究者说，培根从伦敦塔里出来后，发现了金钱的阴谋，他这是要通过代表性事例来证实自己的发现。没想到，当他准备重写《论财富》的当口，很不幸支气管炎复发离开人世。怎么会这么寸呢？史料称，他在雪地里用鸡做实验，看看寒冷是否能延迟腐化，受了风寒。这也算是名符其实的为科学而献身吧。

那培根到底发现了金钱本身固有的什么阴谋？300 多年了，许多人试图破解，都因无从考证空手而归。直到前不久，才有人根据上面的那三个案子，找到了满意的答案——在你获得金钱的过程中，如果感到紧张或屈辱，在获得金钱之后，就不要指望会活得怡然自得，因为在紧张或屈辱中得到的金钱，用起来会更加不安和心酸。[1]

这个结论应该说靠谱儿，它与培根原先的认识本质上完全一致："不要追求炫耀的财富，仅寻求你可以用正当手段得来，庄重地使用、愉快地施与、安然地遗留的那种财富。"[2]

为啥培根临死前才有了这一重要发现呢？估摸着可能有三方面的因素：一是境遇的大起大落让他想了许多，二是离开官场后真正有时间好好琢磨问题了，第三，修改作品时睹字痛思获得灵感。

可能有人会说，只可惜你培根认识得太晚了，早干吗去了。这样讲没错。但我们每个人，应该对他用自己的坎坷一生和别人的痛苦经历换来的这个重要发现，耐心地品味和思考。

这样吧，为了加深咱们对金钱阴谋的理解，以便能清醒地去选择人生之路，再提供两个中国版的例证加以说明。

知道曾锦春吧？对，就是那个湖南原郴州市委副书记、纪委书记。他受贿所得财物折合人民币 3131 万、不能说明合法来源的财产 2877 万（为了好记零头抹了），2010 年 12 月 30 日被执行死刑。这个人喜好现金，绝大

[1] 刘燕敏：《金钱的阴谋》，载《读者》2004 年第 23 期。
[2]《培根论说文集》，水天同译，商务印书馆 2009 年版，第 129—130 页。

多数行贿者都是带着数十万元进入其办公室当面交给他的。有一个叫首清文的矿主前前后后共送上710万，每次都是拎着一个不起眼的编织袋，里面装着钱，最多一次是50万元。职业本身使他具有了一定的反侦查意识，觉得现金安全稳妥；行贿者都知道他的这个习惯，所以用编织袋装现金，这样就算有人看见也顶多会想不过是点儿土特产什么的。当地商人中传言，只要给钱，曾书记啥活都能干，且服务踏实高效，绝对物超所值。实际上，曾锦春每次收了人家的钱，总心惊肉跳，他对记者说自己的高血压也与大量犯罪有关，长期担惊受怕所致。“最痛苦的感受是心慌，好像一切都是空荡荡的，一切都完了，精神上的心慌，让我一直以来都是担惊受怕。”[1]

还有一对平常夫妻，大概没多少人熟悉。2011年10月，河南安阳警方侦破一起制贩毒品大案，缴获毒品2.8吨，现金56麻袋（共8000余万）。而两口子被抓时，正躺在这些麻袋上睡觉。这么一大笔钱令他们不安，只好将钱藏入破旧房屋，每晚躺在现金上睡觉才稍微踏实。让人哭笑不得的是，有钱后，夫妻怕露富的心理越来越重，以前过节走亲戚时都买两只烧鸡，后来竟只敢买一只。

好了，该说的也差不离了。眼下正在热播的电视剧《国门英雄》（描写海关缉私）里，一位老母亲叮嘱身为关长的儿子，千万要“流辛苦汗、吃干净饭”。其实呀，不论干什么职业，唯有如此，方能吃嘛嘛香、一觉睡到大天亮。

[1] 王明高、沈跃强、蒋伟：《巨贪曾锦春》，湖南文艺出版社2011年版，第3—4页。

“她时代”的法学教育

熊秋红 *

壬辰年金秋，应欧洲中国法协会主席泰莉（Hatla Thelle）女士邀请，我前往芬兰首都赫尔辛基，参加了在那里举行的欧洲中国法协会第七届年会，本次年会的主题是“中国特色的法治：亚洲、欧洲与全球视角”。来自世界不同国家和地区的一百多名学者围绕中国法治的理论与实践问题展开了深度探讨，其内容涉及宪法、行政法、劳动法、环境法、公司法、合同法、物权法、知识产权法、刑事法、国际法、司法制度等诸多领域，我在会上做了主题为“从人权的视角看中国刑事诉讼法的修改（The Amendment to China's Criminal Procedure Law from the Perspective of Human Right Protection）”的演讲。在本次研讨会上，几位外国学者的发言给我留下深刻印象，如来自德国科隆大学的一位副教授饶有兴味地漫谈中国的法院建筑与法治的关系，来自美国的一位资深律师试图探寻中国最高人民法院五花八门的“司法评论”存在的历史和现实原因，来自奥地利维也纳大学的一位副教授将中国特色的法治界定为一种新的法律文化理论，如此等等。对于研究的主题，基于不同的文化背景、从不同的角度进行透视，给人以思维的洗礼，这正是比较法研究的魅力之所在，也是我乐于参加国际研讨会的主要原因。

在会议的间隙，随意浏览着会议的组织者——芬兰赫尔辛基大学法学院发放的会议材料，从中看到了赫尔辛基大学法学院的宣传册，我的目光被其中的一组数据吸引住了：在 2010 年，赫尔辛基大学法学院共有 275 人获得法学学士学位，其中男性 102 人，女性 173 人；236 人获得法学硕士学

* 作者为中国社会科学院法学研究所研究员。

位，其中男性 80 人，女性 156 人；18 人获得法学博士学位，其中男性 10 人，女性 8 人。法学院共有 37 位教授，其中男性 32 人，女性 5 人；26 位行政人员，其中男性 4 人，女性 22 人。这组数据表明：在法学院的学生群体中女性远多于男性，而在教授群体中男性远多于女性，二者之间形成了极大的反差；在法学教育的低端——学士和硕士教育中女性在数量上占据绝对优势，而在法学教育的高端——博士教育中男性人数则略超过女性。与来自欧洲其他国家的参会者交流，得知这种现象普遍存在，并非赫尔辛基大学法学院独有。这不禁使我联想到中国所存在的类似现象以及法学教育的未来趋势。盘旋在脑海中的一个问题是：究竟是什么原因造成了法律教育中的这种“差序格局”呢？

二十一世纪被认为是一个女性崛起的世纪，女性政治家们纷纷登上政治舞台，传统上由男性把持的政坛出现了越来越多的女性身影。“二战”以来，世界范围内出现过的女性领袖屈指可数，留名者不过印度前总理英迪拉·甘地、以色列第一位女总理戈尔达·梅厄、英国前首相撒切尔夫人等寥寥几位。但这种情形正在发生改变，根据世界女性领袖网站的负责人马丁·克里斯滕森的统计，除去世袭女王，全世界现今共有 14 位女性担任着独立国家的总统或首相职位，占世界领导人比例的 9.2%，而且女性领导人以每年 10%—20% 的速度增加。马丁指出，当前女性领导人主要分布在南亚、北欧和拉丁美洲，此后一段时间，亚洲、南美和中美洲的女性领导人将在原来已有相当比例的基础上有增无减，欧洲的女性领导人也将逐渐增多。从德国总理默克尔到美国国务卿希拉里，这些叱咤政坛的女性身影让我们感受到，“她世纪”已经依稀可见，“她时代”正在拉开序幕。

从北欧来看，上个世纪 60 年代席卷欧洲的女权运动推进了北欧女性在政治上取得和男性平等地位的进程，女性参政的权利被陆续写入宪法。在当前一些北欧国家的议会，女性占有约 40% 的席位。1884 年，芬兰第一个妇女协会在赫尔辛基成立；上个世纪初，2.5 万名芬兰女性向议会改革委员会联名请愿，要求获得与男子平等的选举权；1906 年，芬兰成为首个赋予女性选举权和被选举权的欧洲国家；1907 年，19 名女性在议会选举中胜出，芬兰成为最早拥有女议员的国家。在全球女性权益运动蓬勃发展的今天，芬兰议会的女议员比例始终居世界前列；自 1926 年任命第一位女部长以来，芬兰历届政府已先后产生过数十名女部长，外交、国防等重要部门都曾有过女部长。哈洛宁是芬兰首位女总统，2000 年当选，2006 年连选连任，2012 年 3 月卸任。在哈洛宁治下的 20 名内阁成员中，12 名为女性，占 60%，女性撑起了“大半边天”。在《2011 年全球性别差距报告》中，冰岛、挪威、芬兰三个北欧国家高居男女性别差距最小的前三名。

在芬兰，女性参与政治和社会生活是一道相当亮丽的风景线，这得益于教育、法律、福利等方面对女性权益的有效保障。早在上个世纪 40 年代，芬兰受过高等教育的女性比例就达到了 55%，如今，芬兰高校的女生比例已超过 60%。1987 年 1 月，芬兰开始实施《平等法》，禁止一切领域尤其是工作中对女性的歧视，要求雇主保证同工同酬。1995 年修订后的《平等法》又规定，各级行政机构中的女性代表比例不得低于 40%，以确保女性参与社会决策。政府还设有平等事务官员，负责监督法律的实施。此外，积极的社会福利措施为女性广泛参与政治和社会生活提供了有力支撑，使得女性有条件做到事业家庭两不误。

法律与政治有着密切的关联性，在法治成为全球话语的今天，不少从政者都有着法学教育背景，越来越多的女性接受法学教育，为她们未来走向从政之路铺设了通道，芬兰前总统哈洛宁即为法学硕士出身。赫尔辛基大学现有神学院、法学院、医学院、文学院、理学院、教育学院、社会科学学院、农业与林业学院等八大学院，其法学院历史悠久，学科水平居世界领先地位。赫尔辛基大学的校旗是芬兰国旗，由此可见赫尔辛基大学对芬兰整个国家的意义以及其法学院在芬兰法学教育中的地位。在芬兰，女性从政已经机制化、常态化，一定的比例约束保障了女性的参政率；而在相对市场化的法学教育领域，市场自由选择的结果导致了文中所描述的“差序格局”。

反观中国，随着高校女生比例的节节攀升，不少人惊呼：大学已经成了“女儿国”！“失衡的大学性别结构”被视为当前高等教育中存在的突出问题。在师大、外院以及综合性院校，女生比例超过男生已成惯例。此外，地质大学、理工大学，连过去工科较强的清华大学也在发生变化。据媒体报道：2012 年北京林业大学女生和男生比例为 7：3，而六年前北京林业大学男女比例为 1：1；2009 年清华男女新生比例为 7：3，但是 2012 年男女比例为2：1。教育统计公报显示，全国普通高等院校女生比例1997年是37%，2010年是50.8%，基本上以每年1个百分点的速度增长。本科生女性比例从2004年的43.8%上升到2010年的50.36%；硕士生女性比例从2004年的44.1%上升到2010年的50.36%；博士生女性比例从2004的31.3%上升到2010年的35.4%。一些高校部分专业在招生时，硬性规定了男女性别比例，一些女生因为招生歧视而提出申诉。

这种所谓“性别结构失衡现象”在中国高校法学院也很突出。在一些高校法学院，本科生中2/3是女性，研究生中女性高达3/4，到了博士阶段，也开始出现女多男少现象。如西南政法大学2012年共招收622名法律硕士，其中女生335人，男生287人；法学院共招收学生198名，其中女生132人，男生66人。清华大学法学院2012年招收本科生87名，其中女生58人，男生29人。但在法学院的教师队伍中，并未相应出现女教授人数超过男教授的现象。以北大、清华为例，从网站上可以看到：北大法学院现有在职教师88人，女教授仅有7人，而男教授有45人；清华法学院现有在职教师55人，女教授仅有2人（且其中1人为兼职教授），而男教授有29人。这种状况与赫尔辛基大学法学院所出现的“差序格局”何其相似！

中国和芬兰高校法学院中女生人数的稳步上升，其背后有着男女平等原则作为支撑，也有国家经济实力逐渐增强和人民生活日益富裕作为后盾。在芬兰，福利国家政策和女性教育权的保障起了至关重要的作用；而在中国，独生子女政策促进了男女在接受高等教育方面机会均等。对于中国高校法学院学生群体中所出现的女多男少现象，我们大可不必高喊“狼来了”，将其视为一个棘手的问题。需要反思的是：难道只有男多女少才是正常，而女多男少就是“结构失衡”吗？为什么法学院教授群体中男女比例倒置就不被认为是“结构失衡”呢？传统的思维定式让人们习惯于默认男性在诸多领域占有的优势地位，将其视为理所当然。应当看到：在一个男女平等实现程度越来越高的社会中，制约女性发展的一系列社会因素将会日渐衰微，而自然因素对于男女学业、职业选择的影响将会愈加凸显。

曾经有一个女性统治世界的时代，但我们只能在历史教科书中隐约窥见它的背影。现在，我们有幸见识与见证一个正在走近的“她时代”，虽然视野所及，这个世界的主导力量依旧是男性，但男权中虚构的成分正在被慢慢剔除，越来越多的女性进入传统的男性领地。她们不再需要以消弭女性的性别特征为代价去迎合男性，而是彰显其柔和、慈爱、婉约的天性去改变世界。长期以来，由于法律被看做具有理智、刚性、客观、抽象等男性气质，与法律相关的领域一直被男性所垄断，与女性相联系的感性、柔弱、主观、感情用事等特点不但不被法律所珍视和认同，而且成为排斥女性的借口。时代的变化正在改变人们的法律观——法律不应该只具有一副冰冷的、强硬的面孔，它应该充满慈爱和温情，人性化的法律正是我们这个时代的追求，它与女性气质不谋而合。

在赫尔辛基大学法学院的会场上，活跃着不少女性的身影。她们将关注的目光投向中国、投向亚洲、投向欧洲、投向全球，她们的世界岂止仅是丈夫、孩子、家庭的狭小天地？女性被排斥在法学院大门外的时代已经一去不复返了，法治世界正在倾听她们的言说。在赫尔辛基——这个有着“波罗的海女儿”之称的城市，女性们正在用她们的勇气、智慧和柔情书写“她时代”的历史，其中包括一部色彩斑斓的法学教育史。“信是千湖国，港湾分外多，森林峰岭立，岛屿似星罗”，郭沫若先生在二十世纪50年代访问芬兰时曾经这样由衷地赞叹芬兰的自然美景，而我置身在赫尔辛基大学法学院秀丽典雅的环境里，思绪飘向远古、飘向远方，关于“他时代”和“她时代”的话题，其轮廓在眼前逐渐清晰起来。

性别平等部探寻记

徐国栋 *

2008年，读到贝卢斯科尼任命模特出身的玛拉·卡尔法尼亚女士为机会平等部部长的消息。因为中国无对应的部门，我不知机会平等部是干什么的又很好奇，正好，厦大来了意大利语老师茱莉亚，她为了满足我的好奇心在厦大做了一个题为《意大利和机会平等》的讲座，很好地达到了解惑的目的。讲座稿后来发表在《罗马法与现代民法》第七卷。我从它得知，意大利于1997年设立了机会平等部，它分为社会经济援助办公室、各领域机会平等干预办公室、国家反种族歧视办公室三个部门。就男女平等而言，设有男女机会平等委员会、女企业家委员会，主要的理念是颠倒行动，即以矫枉过正的方式还老账。具体措施之一是实施性别预算，即把性别视角纳入公共预算和社会预算的制定过程，评估政府的财政收入和支出对女性和男性产生的不同影响，目的是降低表面上中立的政策对女性的歧视，并推广一些有利于妇女的制度或设施。例如，幼儿园、护理老人的服务、父母假，让男性分担家务；通过采用灵活的工作方式推动女性就业或母亲再就业，比如兼职工作、远程办公、在家工作、上下班灵活的工作、时间银行等等。至此，我对意大利的机会平等部有了初步的认知。

2011年，我讲授家庭法哲学课，打算扩展一下我对机会平等部的了解再传授给学生，遂在网上查找资料，发现有机会平等部或类似部门的国家还真不少，以下分为欧洲、亚洲、非洲、拉丁美洲四个板块介绍设有此等部门的国家。

欧洲：（1）丹麦。它是世界上最早设立性别平等部的国家，该部门于

---

* 作者为厦门大学法学院教授。

1975年建立，部长的责任是监管政府在整个性别平等领域的活动，协调各部之间的性别平等。

（2）瑞典。该国于1976年建立了性别平等部。说起来，瑞典曾是个男女不平等的国家，法律曾把丈夫设定为妻子的监护人。据说受苏俄1918年颁布的《婚姻、家庭和监护法典》中男女平等规定的影响，1920年的瑞典《婚姻法》就把夫妻双方置于同等的法律地位。1980年，瑞典议会通过了《平等机会法》，基本原则是男女机会均等和同工同酬，同时要求企业主制定保障性别机会平等和同工同酬的计划，并对计划提出了具体要求。由性别平等部负责组织实施《平等机会法》，凡违背该法就会受到惩罚和制裁。从而，使性别政策从选择走向强制，从宏观进入微观，由政府倡导进入企业实施，政府开始主动扭转和调整工作与就业中的性别歧视。行政政府在推进性别平等中开始发挥主导作用。一直以来，瑞典都是举世公认的在确保男女平等方面最成功的国家。1998年，联合国在一次人文调查中把瑞典选为世界上最平等的国家，其“参数”主要是在男女平等和穷人富人之间的经济分配两个方面。10年后，在世界经济论坛公布的各国性别平等排行榜上，排在最前面的依然是瑞典。这个排行榜的主要依据是四个方面：男女薪酬差异、教育机会差异、政治代表权差异和包括平均寿命在内的健康差异。世界经济论坛对瑞典的评价是：男女劳动力就业和薪酬之间的差距正变得越来越小。2007年，瑞典的性别平等部改为整合与性别平等部，增加了保护其他方面的弱者的职能。

（3）意大利。关于该国这方面的情况，前文已述，此处不赘。

（4）葡萄牙。该国于1999年设立了平等部。此前于1991年建立了平等与妇女权利委员会，它附属于总理办公室。

（5）西班牙。2008年，该国建立了卫生、社会政策与平等部。就其平等职能而言，是消除所有的歧视，包括基于性别的、种族的、宗教的、意识形态的、性取向的等等。

此外，芬兰于1972年在社会事务与卫生部下设了平等委员会；挪威于1972年在儿童与家庭事务部下设了平等委员会；比利时于1999年在联邦雇佣与劳动部下设了机会平等司。

亚洲：（1）日本。该国于2000年根据《性别平等社会基本法》制定了《基本蓝图》（Basic Plan），并于内阁设立了“性别平等委员会”，由12位内阁阁员及12位学者共同组成，首相担任主席。整个内阁各部会首长则共同组成“性别平等促进总部”。

（2）韩国。2001年，该国成立性别平等与家庭部，直属于总统，并且有专属的年度预算与承办人员，负责性别研究、法案推动、性别意识推广与法案执行评估等工作，已为韩国性别平等事务开展做出初步的成果。

作为一个地区，台湾有人正在倡导设立性别平等部。

非洲：2004年，非盟国家在亚的斯亚贝巴发表了《非洲性别平等宣言》，其成员国在宣言的框架下开展性别平等国家机器的设立。

（1）毛里求斯。该国设有性别平等、儿童发展与家庭福利部。1982年，该国设立了妇女权利与家庭福利部，该部于1984年与社会保障部社保司合并，1995年增加儿童发展的内容改成现行的名字。

（2）纳米比亚。该国设立了性别平等与儿童福利部。

（3）莱索托。该国设立了性别、青年、运动与娱乐部。

（4）南非。1996年南非宪法第187条规定了性别平等委员会的职能，所以，该国设立实现性别平等的国家机器的活动似乎与《非洲性别平等宣言》无关。

拉丁美洲：（1）委内瑞拉。该国设有为了妇女权利与性别平等的人民权力部。

（2）阿根廷。该国在劳动部下设机会与性别平等委员会。

上述国家可分为两类。第一类设立了专门的平等部；第二类是把实施性别平等的机构与类似的机构并在一个部，搞保护弱者的“大部制”，与性别平等类似的部门无非都是关涉儿童、家庭等事项的。无论何种类型，其基本理念一致：建立落实平等的组织保障。没有这种保障，平等容易沦为空谈甚至欺骗。

上述考察肯定有不少遗漏，但它们的数量足以对我产生冲击了，因为遍查中国期刊网，竟无一篇论文的题名包括“平等部”字样，我大吃一惊，感到我国男女平等的口号喊得高声，但落实此等口号的器物较少。

2012年9月17日，《法学家茶座》向我约稿，我打算把我探寻性别平等部的经历写出来与大家分享，为此又进一步地做了一番探寻，猛然发现，不少国家设立性别平等部或类似的机构是为了落实1995年在北京举行的联合国世界妇女大会《行动纲领》第201条和第202条。前者曰：

> 提高妇女地位的国家机构是政府内部的中央政策协调单位，其主要任务为支持政府各部门将性别平等的观点纳入所有政策领域的主流。这种国家机构有效运作的必要条件包括：
>
> 1. 尽可能设置在政府最高级别，直属一个内阁部长位置；
> 2. 组织机制或进程应斟酌情况便利下放规划、执行和监测权力，以期带动自下而上各非政府组织和社区组织的参与；
> 3. 预算和专业能力方面具有足够资源；
> 4. 有机会影响所有政府政策的制定。

后者曰：

> 在处理建立提高妇女地位的机制问题时，各国政府和其他行动者应提倡一项积极鲜明的政策，将性别观点纳入所有政策和方案的主流，以便在作出决定之前分析对妇女和男子各有什么影响。

我又大吃一惊，原来我向意大利人茱莉亚问机会平等部为何之问题的答案存在于北京，我出于无知舍近求远提问了。把意大利的机会平等部的职能与北京《行动纲领》的上引两个条文比较，可发现意大利人正是根据它们建立了自己的机会平等部，但中国自身却未建立这样的机构。这样的矛盾有两种可能的解释：其一，中国争办世界妇女大会，只是为北京扬名而已，并无意执行会议提出的有法律效力的方案；其二，世界妇女大会的所有文件都是一些国际组织准备的，与中国无关，中国仅仅提供会场而已，所以，会议结束了，其他也结束了。无论哪种解释，都很不利于中国。

唯一有利于中国的是茱莉亚老师的评论。作为学习中文、在中国工作的意大利人，她对中意两个社会有诸多的比较性观察，她的结论是中国妇女的地位比意大利妇女高得多。确实，中国有许多的女官员，她们必须占据官员总数的一定比例以维持男女平等和国家形象，但她们的成功不是通过性别平等部的途径。这促使我得出第三种解释：中国早就有自己的途径保障性别平等，所以，北京《行动纲领》的方案中国用不着。但这种途径的运用范围似乎很窄，所以，在大学女生数量超过男生的情况下，毕业女生承受的就业歧视除了媒体的解决途径外，并无制度性的解决途径。由此看来，在北京《行动纲领》的原产地落实这一纲领，在裁减部委的大趋势中设立性别平等部，落实性别平等的组织保证，还是有必要的。该部将协调各部的涉性别决策，并评估各项政策对两性的不同影响而有倾向地调整之，以专门的预算支持此等调整，如此，男女平等将不至于沦为口号，而是有国家机器的保证。

当然，在性别平等从口号到制度的演进过程中，北京《行动纲领》只是一个“中途岛”，在它前面，有北欧国家的先例，尤其是丹麦和瑞典的先例，可以认为它们是北京《行动纲领》的“教父”。在它后面，则有亚洲和非洲乃至欧洲的实践者。亚洲的日本和韩国都是在北京《行动纲领》后建立保障性别平等的国家机器的。非洲各国的性别平等行动（包括南非的宪法）、欧洲的意大利、葡萄牙和西班牙的性别平等行动都在北京《行动纲领》之后，有理由认为它们是落实纲领的步骤。在阅读文献的过程中，看到北京《行动纲领》问世后许多国家围绕着它行动不已，唯独中国自身纹丝不动，心中的滋味不怎么好受。

检察官三题

王文昌 *

多年的检察官经历让我经常想起山西平遥县城的古代县衙署进门前的一副对联：莫寻仇，莫负气，莫听教唆到此地；要酌理，要揆情，要度时事做这官。上联是说给当事人的，下联是说给包括检察官在内的司法官员的。理性平和不仅是执法理念，同时还是检察官的应有司法形象，正如对联所说：要酌理，要揆情，要度时事做这官。

检察官："世界上最客观的司法官署"

我国是实行大陆法系的国家，检察院的宪法定位是法律监督机关。检察官虽然肩负着打击犯罪之责任，但是我们同样应当明确的是检察官不是一方当事人，他是我们国家法律的监督者，是维护公平正义的使者，是确保法律公平、公正、理性、平和地实施的正义之神。他不能为了追求一个结果而不及其余，公正一定是兼顾各方的，否则法律的阳光就不会平等地照耀在每一寸我们生活的土地上。相反，放弃自己的角色定位，用一般大众的心理在法庭上大喊"杀无赦"，某种意义上是在宣扬一种暴戾，一种复仇，一种冤冤相报，它与法律的本来面目背道而驰。

检察官的最大义务是客观性义务。张建伟在《难缠的偏见》中曾说："检察官作为控诉者，比法官更容易产生偏见，这是由其特定角色决定的。为了减少检察官的偏见，不少国家都极力劝导检察官要恪守客观义务，不要把自己降低为简单的当事人。"职责所系，坐在法庭上的公诉人的形象应当是：

---

* 作者为辽宁省朝阳市城郊检察院副检察长。

文明、规范、理性、平和。他要用自己在法庭上的形象展示，让人们感受到法律的尊严和公正，感受到和平与安全，感受到文明与理性。司法的主要功能就是判断，检察官要做到判断的准确，就必须扫除各种判断上的障碍，包括感情上的障碍，然后把这种判断告诉法官，同时监督法官做出客观公正的判断。检察官应当有着常人所不具备的深入洞察的能力，要努力地挖掘每一个可能影响公正的细节，然后客观地展示在法庭上，我相信，客观更有力量！

林钰雄在《检察官论》里坚定倡导检察官要恪守客观性义务。在他的眼中，检察官是“客观的法律守护人”、“乃世界上最客观的官署”，“检察官在刑事诉讼上，与法官同为客观法律准则及其实体真正意义的忠实公仆，‘勿纵’之外还要‘勿冤’，‘除暴’之外还要‘安良’，并非也不应该是片面追求攻击被告的狂热分子”。在《我的公诉战争》中，作者李爱君以一个实践中公诉人的视角，道出了履职之中的“纠结”：纠结于事实的不能，纠结于证据的不能，纠结于法律的不能。所有这些，都让一个有着坚定职业品质的公诉人充满了“内心博弈”，而这种博弈，正是一个公诉人对于检察官客观性义务的坚守。正如德国刑诉法大师米德迈尔所说的：“检察官应仅力求真实与正义，因为他知晓，显露他（片面打击被告）的狂热将减损他的效用和威信，他也知晓，只有公正合宜的刑罚才符合国家的利益。”

客观性的属性要求检察官在追求法律内在价值上义无反顾、绝不旁骛，不媚上，不媚俗，不媚利，淡定从容；要有宋朝张载“为天地立心，为生民请命，为往圣继绝学，为万世开太平”的道德追求，要有柯克的“国王在万人之上，但是却在上帝和法律之下”的从容气度，从而让自己永远行走在理性平和的道路上。

不要习得争斗而忘记悲悯

司法是一门技术活，需要经验和技术，表现为法律知识和法律能力，它是法律人达至目的的舟和桥；但同时不能缺少了执法者法律道德的身影，它使法律人凭借舟和桥实现正义的过程像审美一样充满诗意。这种法律道德表现为真、善、美，核心是悲天悯人的情怀。

法律是仁者之术。富勒在《法律的道德性》里曾说：“法律是一个目的性的事业，其成功依赖于行为人的精神、洞见、智慧和法律实践者的良心。”多年的法律习惯的浸染，更多的检察官把自己定位于冲锋陷阵的战士，怀着光荣与梦想向罪恶宣战，向犯罪宣战，向丑陋宣战，争斗成为其本能的反应。《美国联邦新任法官工作指南》第一条就是告诫新任法官要“充满仁爱之心”：“假如法官只有一种特质，那就是必须拥有一颗仁爱和体谅之心，世界上没有什么事情比判处别人刑罚更让人备感责任深重的了。”所以，宋渔水“胜负皆服”的司法实践就显得弥足珍贵。

欧阳修在《泷冈先表》中对其父亲办案细节的回忆，令人感动。他的父亲常常对着一些死囚卷宗叹息不已，说这个人救不了。他的母亲问：死囚也可以救吗？其父亲说：“求其生而不得，则我与彼皆无憾也！”这种博大的悲悯情怀弥漫在浅浅的几句话之中，却值得我们法律人经常品味，并努力实践。

《论语·子张》言：“上失其道 民散久矣，如得其情，则悲哀矜而勿喜。”没有一个人天生就是罪犯，作为一名检察官要培养仁厚宅心，用悲天悯人的情怀去对待每一个走上犯罪道路的人。吴经熊在一则札记中无意流露的悲悯足以让人动容：“在我心某处，潜伏着这么一种意识：我只是在人生的舞台上扮演着一个法官的角色。每当我判一个人死刑，都秘密地向他的灵魂祈求，要他原谅我这么做，我判他的刑只是因为这是我的角色，而非因为这是我的意愿。我觉得像彼拉多（Pilate）一样，并且希望洗干净我的手，免得沾上人的血，尽管他也许有罪。唯有完人才够资格向罪人扔石头，但完人是没有的。”

香港有一个案例。一名流动小贩在街边卖雪糕，为了多做点生意，附带卖起了棒棒糖。他和太太都是伤残人士，但又不愿意拿政府失业援助，于是申请了小贩牌，维持生计。不久，他被政府的食物卫生环境局告上了法庭，指控他阻塞交通以及出售未在牌照内指明的商品，也就是棒棒糖。控方认为，如果纵容犯法行为，对其他的小贩不公平，而且会让执法人员无所适从。

最终裁判官认为，小贩刚刚入行缺乏经验，而且没有案底，案情又不严重，轻判罚款一百元。几个星期后，法官遵守承诺，来到他的摊位前买了一瓶矿泉水，并且让他不要泄气，努力工作。这位法官的做法让我想起台湾当代学者林东茂的一句忠告：不要习得争斗而忘记悲悯。

像几何学一样精密司法

司法的要义是分清是非曲直，而理性与平和就蕴含在对于案件真相的不懈追求中，否则葫芦僧判断葫芦案也就让平和与理性失去了赖以存在的土壤。司法无小事，它关乎人的生命、财产和自由。检察官的角色定位不应当是战场上的横刀立马，不应当是政治上的察言观色，也不应当是事业发展中的大刀阔斧，它更应像一位精心的花农，小心翼翼地去侍弄苗圃中的每一朵花、每一片叶、每一根枝条。

细枝末节凸显智慧，执法高明处常常在不经意的地方，从细节中发现症结才是司法工作者最应当具备的品质。我国古代讲究“五声听讼”，在察言观色中完成对案件的审理；在西方强调自由心证，通过对案件证据、细节的分析进行内心评判。有经验的检察官在笔录中不仅应记录当事人的语言，而且要记录当事人的语气、神态、表情和极其细小的肢体语言。随着现代技术的提高，取证手段日益丰富，加之证据规范化的加强，司法的精密程度却越来越为人们所忽略，司法过程中习惯于生硬地援引证据规则，在貌似“依法办案”中，却演绎着司法的机械和懒惰。

李永君先生在英国考察时旁听了一起普通的刑事案件，让人大开眼界。一辆摩托车和一辆轿车相撞，一人重伤、三人轻伤。案件审理了四年仍没有结果，其中有一个重要的原因就是路面问题。事故发生在一段新铺的路面，上面有一层薄薄的沙粒。沙粒对车的行驶、制动、转向都有一定的影响，这涉及精确的力学问题。为了准确和公正，法院委托一家力学权威机构对此进行鉴定。研究所保存原始物证，将这段路面整块切下，密封到实验室，进行一丝不苟的试验和推算，光这项工作就需要多长时间？这样我们也就理解了为什么一起普通的刑事案件要审四年还没有一个结果，而我们对于“从重从快”的情有独钟又值得几多反思。

言已至此，想起了贝卡利亚说过的一句话：“应当用几何学的精确度来解释法律的问题。因为这种精确度足以制胜迷人的诡辩、诱人的雄辩和怯懦的怀疑。”

卫生间里的法治

王书成*

记得在美国的时候，第一次进大学的公共卫生间，“稍顿”片刻，便让我体悟到了美国的法治。抽拿卫生纸的时候，发现桶里装了两大卷：一卷用完，第二卷就自动补上。不过，我的第一反应是：完全多此一举，哪用得了那么多！况且，每天还有清洁工定时打扫。但后来一想，万一节假日放假，清洁工休息呢？或者由于学生组织活动等原因造成访客量陡增，也可能出现“天气不好”、一些人“身体不适”……这样一来，说不定两大卷都不够！虽然这些可能性都极为渺小，但这并不代表不可能。这就如同我国北方很少会出现长时间下暴雨的情形，但这并不代表不可能。这由此让我在一定程度上更为深刻地理解了“应急法治”的内涵。

后来到香港工作，第一次进大学里的卫生间，又让我颇为惊叹。这一次，不再是和美国一样具有应急功能的那两大卷卫生纸，而是公共卫生间的环境简直比有些厨房还要干净。这在国外也许不足为奇，因为国外的国情一般都是“地广人稀”，故而也可以理解中外卫生间在使用频率、卫生状况等方面的差异。但香港绝对算是“地少人多”之地，那为何也能让卫生间近乎一尘不染呢？由此，也引发了我对一些“国情论”的怀疑。

为此，带着一颗好奇心，我请教了在香港工作多年的同事“阿康”君：为何在人口稠密的香港，卫生间可以保持得如此干净舒适？“阿康”君从理论的高度将此中缘由概括为“定点打扫签章与监督投诉制度”。所谓“定点打扫签章”意指当班清洁工须定点（如上午十点整）打扫，完了在工作手册上签章以示履行职责。从法律的角度来看，“定点打扫签章”可谓“明

* 作者为香港城市大学中国法与比较法研究中心研究员。

确职责”，从而可以避免如承包制下由于职责不明而带来的“懒惰”、“拖延”等情形。而“监督制度”则是由管理层来对“定点打扫”情况予以相应的检查。这可以说是后勤管理制度的一种“内部监督”制度。由于清洁被“定点”了，监督起来自然也方便易行。当然，如果刚定点打扫完，出现少数“素质低”者乱丢纸屑等情形，而被随后履行检查职责的监督员发现了，该怎么办呢？显然，此时已经不是法律而是道德层面的问题了。不过，“阿康”君介绍，“对于这种情形，监督员一般都会在检查过程中主动捡起这些纸屑”，且将此贴切地形容为“检查制度中的人性化管理”。这由此也在一定程度上让我们看到了法律秩序中的道德图景。

当然，作为一名法律人，完全可能会担忧出现这样一种可能，即后勤管理制度内部腐化、监督管理员和清洁工互相偷懒、包庇甚至一致对外。如此，虽然后勤管理可能在形式上符合法治要件，但实质效果却可能是卫生间的“脏、臭、乱”。追溯至此，就已涉及了制度的关键环节——投诉处理机制。可以说，这当属法治中的“外部监督”环节，即任何一位包括学生在内的卫生间使用者，如果发现卫生间里有让其不满的“脏、臭、乱”情形，均可以通过投诉处理机制直接向校方投诉。而校方接到投诉，定会认真积极地处理并予以回应。由此追查下来，其中的来龙去脉便会浮出水面。当然，也许我们会问：为何校方就一定会认真对待投诉并追查落实呢？难道不会敷衍吗？其实，在一个真正“学生至上”的大学，这种质问本身也许是不存在的。否则，校方估计要被扣上“极权”或“专制”的帽子了，甚而带来“学生”走向街头、誓与“专权”抗争到底的图景。“学生”如果真的愤然出场，那校长的日子估计就难过了。现在也越来越明白，在香港这个保障人权的法治社会，为何校长、院长、政府领导、公司经理等最怕学生、百姓、消费者投诉，因为他们是社会的主人！

由此联想到目前中国的法治建设，也许“职责明确”、具有制衡效果的“内部监督”以及奉“人民至上”并有效运转的民主监督制度，仍然是未来法治建设的着力点。

时常听国人以“国情论”或“中国特色论”来为法治寻找退路。然而香港的法治经验在很大程度上可以启示我们，法治在很多方面并没有国界。也许，法治并不是一首时常见诸报端、颂扬“民主”、“人权”等华丽辞藻的颂歌，而是一曲能真正造福百姓的民歌小调。其实，法治本身并非虚幻缥缈，而是融入生活的每个细节当中！

威廉·伦奎斯特：壮志未酬身先死

胡晓进* 东 来*

2005 年 9 月 3 日（当地时间），时任美国联邦最高法院首席大法官的威廉·伦奎斯特（William H. Rehnquist）在位于弗吉尼亚阿灵顿的家中病逝，享年 81 岁。

从 1972 年正式进入最高法院，到 1986 年出任首席大法官，伦奎斯特经历了尼克松总统的辞职、主持了克林顿总统的弹劾审判、判决了戈尔—小布什的总统竞选之争，33 年的最高法院生涯极富传奇色彩。

伦奎斯特不但经历与创造了历史，也热爱阅读、研究历史，在最高法院期间，他利用业余时间，撰写了四部历史著作，涉及政治制度、国会弹劾、公民自由、总统选举等问题，销量与口碑均不俗，堪比专业历史学家。

古人云，立功、立言、立德三不朽。二战时，伦奎斯特当过兵，有军功。做大法官，写司法意见书，洋洋万言，业余研究历史，著书行世，此谓立言。至于立德，见仁见智，留待后人评说。但是，无论如何，老兵永远不死，只会慢慢凋零。

一、立志改变政府

1924 年 10 月 1 日，威廉·伦奎斯特出生于威斯康星州密尔沃基市郊的肖尔伍德（Shorewood），其祖父是来自瑞典的移民，父亲是当地的纸品批发商，家庭殷实，为伦奎斯特提供了舒适的物质条件；母亲毕业于威斯康星大学，精通五种语言，一边给当地的公司做翻译，一边教育子女。

---

* 胡晓进为中国政法大学讲师；东来为南京大学中美文化研究中心教授。

首席大法官威廉·伦奎斯特

伦奎斯特一家是坚定的共和党人，忠心支持当时的共和党领导人赫伯特·胡佛（Herbert Hoover）。在伦奎斯特家中，晚餐的主要话题是政治，这使威廉·伦奎斯特从小就非常关心政治。1932年大选，胡佛败给了民主党总统候选人富兰克林·罗斯福，伦奎斯特一家非常失望。当伦奎斯特的老师问他长大了想干什么时，小伦奎斯特异常肯定地回答，“改变政府”，当时伦奎斯特还是一个八岁的小学生。

进入中学后，伦奎斯特更加留意政治问题，他利用在学校报纸当编辑的机会，撰文批评当地的专栏作家，认为他们不应将自己的观点强加给大众。若干年后，已是联邦法官的伦奎斯特依然坚持自己的立场，反对法官解释法律时掺入个人看法。

1941年12月，日本偷袭珍珠港，美国参加二战。那年伦奎斯特刚刚17岁，与当时的年轻人一样，他急欲应征入伍，保家卫国。但是当时美国征兵的最低年龄是21岁，伦奎斯特只得打消从军念头，加入本地的公民自卫组织，负责维护地方治安、汇报异常情况，并学习实用技术，为投身战斗作准备。1942年，伦奎斯特进入俄亥俄州的凯尼恩学院（Kenyon College）学习。同年，为扩充兵源，国会将入伍的年限从21岁降至18岁，伦奎斯特随时可能应召入伍。在大学期间，他一边学习文化课程，一边从事军事训练。当时，美国空军正在凯尼恩等几所学院开设天气观测课程，为空军培养后备气象预报员。报国心切的伦奎斯特报名参加，先后在俄亥俄、俄克拉荷马、新墨西哥、得克萨斯、新泽西受训，并正式加入美国空军。1945年至1946年，伦奎斯特赴北非执行任务，当时，二战已接近尾声，虽然遍地创伤，但埃及温暖的气候与怡人的自然风光，让他流连忘返。

1946年，22岁的伦奎斯特退伍还乡，希望找一个像北非一样温暖的地方继续自己的学业。他看上了西海岸名校斯坦福，可斯坦福是私立学校，学费高昂，成年的伦奎斯特又不愿向家里求援，怎么办呢？好在国会及时通过了“退伍军人安置法”，资助这批老兵进大学深造，伦奎斯特得以进入斯坦福，选择了自己钟情的政治学专业。由于先前曾在凯尼恩学院学习过相关课程，伦奎斯特仅用两年时间就修完了政治学专业的本科与研究生课程，于1948年获得学士与硕士学位。随后，他又来到东海岸，进入哈佛大学的政府管理专业学习，1950年获得第二个硕士学位。

哈佛的师资虽说是全国一流，但麻省寒冷的冬季却让伦奎斯特望而却步。两年硕士结束后，他重返斯坦福，成为该校法学院的一名新生。在斯坦福法学院的两年，伦奎斯特爱情学业两丰收，不但遇到了后来的妻子纳塔利（当时的名字是Natalie Cornell），而且因为成绩突出，出任《斯坦福法律评论》的编辑。1952年，伦奎斯特以全班第一名的成绩从斯坦福大学法学院毕业，同班同学中还有后来成为美国最高法院第一位女大法官的奥康纳（Sandra Day O ' Connor，1981—2005年在任）。

当时著名法学院的毕业生，就业去向主要有三种：进大的律师事务所、到公司或政府部门当律师或法律顾问、担任法官的法律助手（law clerk）。其中以担任法官助手最受青睐，因为助手的工作经历不但能更熟悉法院的运作程序，为以后做律师出庭辩护奠定基础，而且可以与法官、检察官、律师建立人际关系，有利于日后的进一步发展。法官助手有州法官助手与联邦法官助手之分，其中联邦最高法院大法官的法律助手最受看重，也最抢手。如果能成为大法官的法律助手，人生的职业生涯可谓成功了一半，日后无论从政、治学或是独立开业，都不愁没有资本。可是联邦最高法院的大法官一般只招收几所著名大学法学院的优秀毕业生做助手，绝大多数来自东海岸的常春藤盟校。斯坦福大学的法学院虽然排名靠前，可惜不在东海岸，不属于常春藤盟校，即使再优秀的学生，也很难得到大法官的面试机会。

可是命运之神似乎特别垂青伦奎斯特，就在他毕业的前几个月，时任联邦最高法院大法官的罗伯特·杰克逊（Robert H. Jackson）来西海岸参加斯坦福法学院新大楼的落成庆典，并为自己物色一名新的法律助手。由于伦奎斯特学识与口才出众，获得了这次宝贵的面试机会，并被杰克逊大法官看中，应邀前往首都华盛顿，成为杰克逊大法官的法律助手。

二、从大法官助手到大法官

1952 年初，伦奎斯特从西海岸驾车，冒着一路的严寒与风雪，长途跋涉来到华盛顿，开始了为期一年半的大法官助手生涯，也从此与美国的政治首都建立了终身联系。

大法官助手的主要工作有两项：审判前起草案件备忘录，说明案情并提出是否受理的建议；审判后查阅相关先例，替大法官起草司法意见书初稿。聘请伦奎斯特做助手的罗伯特·杰克逊大法官是一位温和的民主党，曾协助富兰克林·罗斯福竞选总统，1941 年由罗斯福任命为最高法院大法官，1954 年因病死于任上。杰克逊是最高法院最后一位未经法学院正规训练、自学成才的大法官。伦奎斯特做助手的那段日子，正是杰克逊任大法官的最后一段时间，也是最高法院历史上极不平静的岁月。最高法院的一起判决改变了无数美国人的命运，也使伦奎斯特身陷其中。这就是 1952—1954 年最高法院审理判决的布朗案。

最高法院的布朗案判决要求结束公立教育领域的种族隔离状态，为白人与黑人孩子提供平等且不隔离的教育设施。这一判决得到了包括杰克逊大法官在内的九名最高法院大法官的一致赞同。作为大法官的法律助手，在为杰克逊起草的该案备忘录（题为《种族隔离案件随想》）中，伦奎斯特却建议大法官维持教育领域的种族隔离状况。这份备忘录在当时并未引起人们的注意。1971 年，理查德·尼克松总统提名伦奎斯特担任最高法院大法官，大小媒体将伦奎斯特的历史背景翻了个底朝天，著名的《新闻周刊》全文刊载了伦奎斯特的这份备忘录，引起轩然大波，反对者以此认为伦奎斯特仍然坚持种族隔离，是保守的种族主义分子，不配担任大法官。为了回应批评，伦奎斯特给负责审核大法官提名的国会参议院司法委员会写信，表示那份备忘录是在杰克逊大法官的授意之下草拟的，不代表自己的立场。与伦奎斯特一同协助杰克逊大法官工作的另一位助手也写信证实，杰克逊大法官曾让他就布朗案起草一份反对种族隔离的备忘录。这两封信使伦奎斯特涉险过关，成为美国最高法院历史上的第 100 位大法官。这是后话，暂且不表。

在担任大法官助手的18个月里，除了杰克逊外，对伦奎斯特影响最大的当数费利克斯·法兰克福特（Felix Frankfurter）大法官（1939—1962年在任）。法兰克福特大法官是犹太人，生于奥地利维也纳，长于美国纽约，曾任哈佛大学法学院教授。与杰克逊一样，法兰克福特也是富兰克林·罗斯福总统的支持者，一直为罗斯福出谋划策，并由罗斯福总统提名任命为大法官。法兰克福特认为最高法院应该充分尊重立法机构的意志，只在属于自己的领域发挥积极作用。他曾对伦奎斯特说，保守派也应该像自由分子一样积极参与政治活动。这句话影响了伦奎斯特的一生。

1953年6月，伦奎斯特结束了为期一年半的大法官助手生涯，来到温暖的亚利桑那州，加入一家法律事务所，并娶妻生子。他一边做律师，一边积极参加当地共和党的政治活动，成为当地的活跃分子。与此同时，伦奎斯特还秉承自己学生时代的爱好，给报纸写评论，针砭时弊。1957年，他在《美国新闻与世界报道》上撰文，批评最高法院的法律助手过于自由化，太同情共产主义分子，助手们对法官的影响太大。在其他一些文章中，他甚至批评有些大法官是左翼分子，是在借宪法的名义实现个人目的。这些言论让伦奎斯特在共和党内声名鹊起，先是被任命为亚利桑那州特别检察官，负责起诉该州的腐败官员，随后又应邀协助1964与1968年的共和党总统候选人。1968年，共和党人尼克松成功当选总统，为了感谢伦奎斯特的鼎力相助，尼克松政府任命其为司法部助理部长，负责司法部的法律顾问办公室。

1969年，伦奎斯特举家迁往首都华盛顿附近的阿灵顿，开始了自己毕生的政治生涯。司法部法律顾问办公室负责为联邦政府提供法律意见，调查联邦法官候选人的政治背景，为总统的提名任命提供参考。伦奎斯特的生活又一次与最高法院联系在一起，并因为一次偶然的机会，阴差阳错，成为最高法院大法官。

1971年，最高法院的雨果·布莱克（Hugo Black）大法官与约翰·哈兰（John Harlan）大法官相继退休，尼克松开始寻找新的大法官候选人。跟往常一样，伦奎斯特与司法部长、总统顾问一起草拟了一份候选人名单，让总统从中圈定两位。不知是谁走漏了风声，人选尚未确定，这份秘密名单就被新闻媒体获知，捅了出来，引出一片责骂声，批评尼克松挑的大法官人选没一个称职。两年前，尼克松曾在提名大法官的问题上栽过跟头，连续两次提名未获参议院批准，威信扫地，信心全无。这次，媒体一批评，尼克松就有点慌了，担心重蹈覆辙，赶紧将顾问找来，重新选人。情急之下，白宫幕僚把伦奎斯特推了出来，建议尼克松提名伦奎斯特出任大法官。由于伦奎斯特资历太浅，知名度不高，尼克松一开始还有些犹豫。但白宫幕僚与司法部长极力推荐，他们认为，伦奎斯特立场保守，符合总统的政策方向，做过大法官的法律助手，熟悉最高法院的情况，毕业名校，成绩优异，聪明善辩，是大法官的合适人选。尼克松这才打消顾虑，提名伦奎斯特。

1971 年 11 月，提名交付参议院司法委员会讨论，媒体曝出伦奎斯特早年起草的一份支持种族隔离的备忘录，再次引起争议，伦奎斯特沉着应对，坚决否认，司法委员会只好将提名提交全院投票。12 月 10 日，参议院以 68 ：28，通过提名，伦奎斯特又一次进入 20 年前曾经工作过的最高法院，但这次不是大法官助手，而是大法官。

三、从大法官到首席大法官

伦奎斯特进入最高法院时，最高法院的首席大法官是来自明尼苏达的沃伦·伯格（Warren Burger，1969 — 1986 年在任），与伦奎斯特一样，伯格也是共和党的积极分子，因为协助大选有功，被任命为司法部助理部长，后长期担任哥伦比亚特区联邦巡回上诉法院法官，具有丰富的司法经验。1969 年由尼克松总统提名，出任最高法院首席大法官。

伦奎斯特是伯格的坚定支持者，他希望与首席大法官一起，扭转 1950 年代以来最高法院的自由主义倾向，缩小法律平等保护的范围，尊重州权，限制刑事被告的权利。但在 1970 年代初，自由派大法官仍控制着最高法院，伦奎斯特的意见往往得不到多数大法官的支持。伯格虽然赞同伦奎斯特的主张，但作为首席大法官，他不得不维持最高法院判决的连续性，无法像伦奎斯特那样随心所欲地表达自己的异议。而且，首席大法官职位并非伯格的首选，他更希望出任政治性职务。因此，在审理案件时，伯格非常顾忌判决的政治后果，为此不惜改变自己的立场。相比之下，伦奎斯特则是更为彻底的保守派，根本不在意别人的批评，在担任大法官的 14 年里，伦奎斯特一共表达了 54 次不同意见，创下了最高法院历史上的异议之最，被自己的法律助手称为“孤独的异议者”。《新闻周刊》杂志更是直呼其为“最高法院里的右派先生”。

从进入最高法院的那一天起，伦奎斯特的锋芒与右派色彩就充分展现出来。1971 年 12 月，当参议院投票同意伦奎斯特担任大法官时，最高法院正在审理一件波及全美、影响深远的大案——堕胎案（罗伊诉韦德案）。当时，摆在最高法院面前的难题是，堕胎是不是妇女的一项宪法自由？州是否有权干涉？全美每年都有数以万计的妇女面临堕胎问题，由于大多数州严格限制堕胎，致使急切需要堕胎的妇女或是远走他乡，或是冒着进监狱的危险，偷偷将孩子打掉。大部分美国人认为胎儿也是生命，是上帝的恩赐，堕胎伤害生命，若非万不得已，绝对不可为之。反对堕胎的力量非常强大。1971 年底，最高法院审理此案时，布莱克与哈伦两位大法官已经退休离任，伦奎斯特与另一位大法官刚刚获得参议院同意，尚未赴任，只有七名大法官参与审理。由于案情重大，为了慎重起见，经过反复讨论，最高法院决定等两位新的大法官到任后，重审此案。

1972 年 10 月，最高法院再次开庭审理罗伊诉韦德案，并于次年 1 月作出判决：是否选择堕胎是妇女的个人隐私，受宪法保护；州不得绝对禁止堕胎，也不能给妇女堕胎设置不必要的障碍；孕妇的健康与胎儿的生命同样重要，只有在怀孕的最后阶段，州才能限制妇女堕胎。

进入最高法院刚刚一年的伦奎斯特，资历最浅，但仍然非常鲜明地反对法院的多数意见，写下了自己的异议：首先，宪法文本中并未规定个人隐私权，即使从若干条款中推导出这项权利，隐私的范围也是有限的，不能涵盖堕胎问题，因此，选择堕胎并非一项宪法自由权。其次，各州的堕胎法，由来已久，是否限制堕胎，是各州的事，与联邦无关，联邦法院不应干涉。再者，州负有保护本州公民生命、健康的职责，其中既包括妇女的健康，也包括胎儿的生命，只有州政府才最有资格与能力平衡本州的最佳利益，联邦法官不应在判决中掺杂个人偏好。

限制堕胎是伦奎斯特的一贯立场，在随后的几起判决中，伦奎斯特不改初衷，赢得了共和党人的交口称赞。相比之下，作为首席大法官的伯格则有些畏首畏尾，没有站在伦奎斯特一边，让提名任命他的尼克松总统大失所望。

就在宣判罗伊诉韦德案的同一年，伦奎斯特又在另一起涉及种族隔离的案件上显出右派先生本色。当时，科罗拉多州丹佛市的一个学区没有采取积极措施融合黑白学生，被人告上联邦法院。最高法院受理此案后，九名法官中就有八名认为，该学区应该采取用校车接送学生等积极措施，尽快实现学区内学校之间的种族融合。法院多数意见还认为，1954 年判决的布朗案提出以审慎的速度结束学校种族隔离，就包括使用校车等积极措施。但是伦奎斯特不这么看，他相信，该学区并非有意制造黑白学生分校，联邦不应干涉；而且，利用校车实现黑白学生混合，无异于强制融合，不符合布朗案判决中自愿、逐渐融合的原则。与往常一样，这次，伦奎斯特又是“孤独的异议者”。

在堕胎与种族融合问题上，伦奎斯特的异议有一个共同点：尊重州权，限制联邦过分干预。这种强调联邦主义的态度正是保守派大法官的基本立场，也是伦奎斯特不遗余力倡导的美国传统。1974 年，国会通过一项修正案，将 1938 年的《公平劳动标准法》的适用范围扩大到州以及地方各级政府的所有雇员。对此，全国城市联盟（National League of Cities）等组织提出抗议，认为国会的这一做法违背了宪法第十修正案（保障州与人民的权利），侵害了州权，因此提出诉讼。1976 年，最高法院以 5 ： 4 的多数认为，扩大《公平劳动标准法》适用范围是违宪之举，因为联邦不应该像管理自己的分支机构一样直接规制各州。撰写法院多数意见的正是伦奎斯特，他指出，决定自己雇员的工资毫无疑问应该是主权各州的分内事。全国城市联盟案是自 1937 年“宪法革命”以来最高法院以州权为由否决的第一个联邦法规，成为最高法院在联邦制问题上一系列保守判决

伦奎斯特与同事奥康纳大法官

的前奏。伦奎斯特也因为撰写该案的司法意见，引起了更多的关注，逐渐成为最高法院的右派领袖。

进入 1980 年代，随着共和党人罗纳德·里根入主白宫，更多的保守派大法官进入最高法院，其中就包括伦奎斯特的同学、第一位女性大法官奥康纳，伦奎斯特的异议也得到了他们的认可。1984 年，伦奎斯特获得多数意见的次数开始超过异议次数，从 1970 年代助手眼中的“孤独的异议者”，变成 1980 年代中期助手眼中的最高法院的“老板”，深受里根总统赏识。

1986 年，为筹备美国宪法两百周年庆典（1987 年），伯格辞去首席大法官一职，里根总统毫不犹豫地提出让伦奎斯特继任。1986 年 9 月，参议院以 65 ：33 通过了对伦奎斯特的提名，尽管在所有通过的首席大法官提名中，这是支持率最低的一次，但伦奎斯特从此成了最高法院货真价实的老板。

四、伦奎斯特与伦奎斯特法院

在讨论伦奎斯特出任首席大法官的听证会上，民主党参议员再次提起 1952 年代初伦奎斯特为布朗案所写的备忘录以及相关报刊文章，证明伦奎斯特是种族主义者，没有资格担任首席大法官。

除了政治主张外，伦奎斯特的身体状况也成为媒体关注的焦点。1986 年，伦奎斯特 62 岁，并不算老，但由于背部疼痛，长期服用止痛药，形成药物依赖。民主党与其他反对者抓住这一点，认为伦奎斯特身体欠佳，不适合担任首席大法官。共和党参议员则认为，民主党人是无事生非、小题大做，伦奎斯特经验丰富，才能杰出，资历优秀，身体硬朗，完全可以胜任首席大法官一职。伦奎斯特本人也表示，参议院不应纠结于几十年前的陈年旧事，过去的一章已经结束，他会一切向前看，尽力做一个优秀的首席大法官。在共和党参议员与里根总统的全力支持下，伦奎斯特最终成为美国最高法院第 16 位首席大法官。

伦奎斯特擢升首席大法官后，他所空出的大法官席位也让里根总统费了一番脑筋，理想的人选应该是既保守又年轻，能与伦奎斯特一道带领最高法院走共和党所期望的道路。但是共和党在参议院没有绝对的把握，过于保守的候选人很可能通不过。再三筛选，最后圈定了两个人：罗伯特·博克（Robert Bork）和安东宁·斯卡利亚（Antonin Scalia）。这两人有很多相似点，当时都是哥伦比亚特区联邦上诉法院的法官，都做过法学教授，都在尼克松政府的司法部做过高官，最重要的，他们都是信奉宪法原旨主义的彻底保守派。相比之下，资深的博克比斯卡利亚更具有全国性声望。但是，博克年龄稍大，而且还有一段在水门事件中“助纣为虐”的不光彩经历。这些因素很可能使得“伦奎斯特＋博克”的联合提名方式难以在参议院通过，因此白宫决定先选择斯卡利亚。1986 年 6 月，里根宣布对斯卡利亚的提名，其与伦奎斯特同一天获得参议院批准。

尽管里根进行了两次提名，但实际上却是斯卡利亚取代了伯格，最高法院只增添了一张新面孔。然而，就是这一个人的变化，最高法院的政治倾向就随之开始发生根本性的逆转，伦奎斯特法院渐渐浮出水面。

1987 年，另一位大法官宣布退休，里根毫不犹豫地提名了博克。然而，时过境迁，里根政府的黄金时代已经过去。1986 年中期选举，民主党重新控制了参议院，而且，由于外交冲突，总统与国会的关系空前恶化。更为重要的是，博克在水门事件中的表现，依然是他的历史包袱。因此，博克的提名一经公布，便招致各方的激烈反对。从来没有一个提名像这次一样，如此政治化。公开反对任命博克、向参议院施加影响的利益团体多达 300 多个。尽管里根多次公开声明支持博克，但无济于事，反而影响了博克作为法官的独立性。1987 年 10 月，参议院以 58 ： 42 票否决了博克的提名。

此后，里根又匆忙选择了哥伦比亚特区联邦上诉法院的另一位法官，但后来发现这位法官有吸食大麻的经历，不得不赶紧撤销提名计划。两次提名的失败损害了里根的政治资本，他只得退而求其次，选择其家乡加利福尼亚的一位老朋友安东尼·肯尼迪（Anthony Kennedy）。肯尼迪也是位天主教徒，但远不及斯卡利亚保守。1975 年，由时任加州州长的里根推荐，肯尼迪出任第 9 巡回区联邦上诉法院法官，年仅 39 岁，是该院有史以来最年轻的法官。1988 年 2 月初，经过三天短暂听证，参议院以全票通过肯尼迪的提名。

至此，在奥康纳、斯卡利亚、肯尼迪等共和党大法官的支持下，伦奎斯特的主张往往能成为最高法院的多数意见，伦奎斯特法院基本形成。

伦奎斯特法院十分强调国家和社会的整体秩序。在刑事犯罪问题上，非常强硬。为了公共利益和安全的需要，如果有足够的证据表明罪行成立，就算强迫犯罪分子认罪，也不过是无害的失误。伦奎斯特认为应该扩大警察的搜查、取证权；减少死刑犯的上诉权利和程序，让死刑真正发挥惩戒作用；应该降低联邦法院在复审州法院死刑判决中的作用。1990年代以来，在伦奎斯特法院和国会的共同作用下，美国死刑的执行速度大大加快。

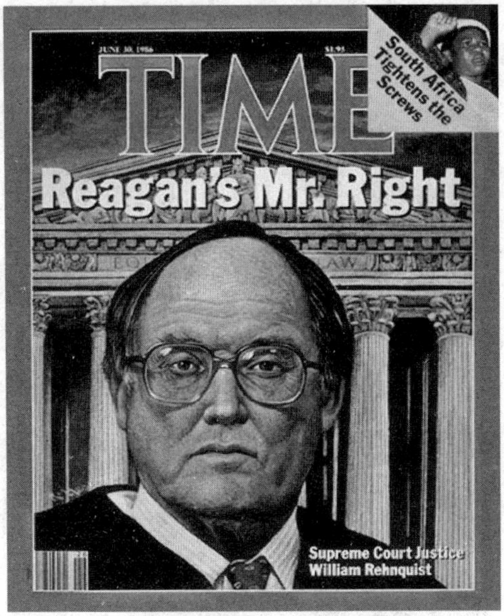

1986年6月30日的《时代》杂志封面

如果说死刑问题是美国国内争论不休的一大主题，那么另一个几乎同样引人注目的话题则是联邦和州的权力的分配，如何对待这一权力划分也成为保守与开明的重要分野。一般的趋势是，保守派主张小政府，减少对各州事务的干预。用比较极端的话来表达就是：社会能够做的，政府就不要去干涉；地方（包括州）政府能够做的，联邦政府就不要去干涉。因此，在联邦主义案件中，保守派法官往往偏向州权一边。开明派虽然不能说主张大政府，但至少是强调继承罗斯福的新政传统，维护新政以来的联邦政府的干预政策。因此，自1938年以来，最高法院从未否决联邦政府的经济立法，但是伦奎斯特法院却在1995年的一项判决中打破了这一传统。此后，伦奎斯特法院多次以5 ∶ 4作出类似的判决。对于应该否决哪些案件，伦奎斯特有自己明确的标准：一种是不能为国会立法所纠正的宪法案件，另一种则是与证据规则和程序性权利相关的案件。

伦奎斯特是个多元主义者，坚信政府权力应该有多个来源，联邦司法部门只是三权之一，并不比其他两个部门更具有智慧与权威。所有的道德判断都没有高下之分，不能用道德判断代替法律，因为任何的道德判断都是个人的。在民主社会中，如果一定要在道德判断中做选择，那么，唯一的途径只能是选票，让多数人通过投票将某种道德判断变成法律。

威廉·伦奎斯特与妻子纳塔利合葬于阿灵顿国家公墓

1976年，一位著名的美国教授David L. Shapiro在《哈佛法律评论》上撰文，将伦奎斯特的司法哲学概括为三个方面：当个人与政府发生冲突时，应该牺牲个人；当联邦与州发生冲突时，应该支持州；应该尽量避免动用联邦司法权。30多年后再回首，无论是对于伦奎斯特个人，还是就整个伦奎斯特法院而言，这一评价都没有过时。

尽管政治倾向不尽相同，但伦奎斯特作为首席大法官的组织才能还是得到了所有大法官的一致称赞。2002年1月7日是伦奎斯特宣誓就任大法官30周年纪念日，那天，最高法院最为年长、也是最不认同伦奎斯特保守倾向的自由派大法官约翰·史蒂文斯（John Paul Stevens），代表最高法院所有同僚，向首席大法官宣读了一封祝贺信，称赞伦奎斯特能"高效、生动而又不失偏颇地主持最高法院，表现出了一个首席大法官的高度责任感"。

在伦奎斯特任首席大法官的近20年内，有两件事无论如何也不能忽略：弹劾克林顿总统和戈尔、小布什的选票之争。1999年初，伦奎斯特在参议院主持了为期五周的弹劾审判，最后，克林顿总统惊险过关。

如果说伦奎斯特在克林顿案中的作用只是出于宪法程序的需要，没有任何主观个人意识，那么在第二年的选票案中则是主动出击，积极发挥联邦最高法院的权威和作用。

2000年底，美国总统选举因佛罗里达计票纠纷难产。佛罗里达州最高法院本已对计票规则作出了判决，按照伦奎斯特法院在联邦主义问题上的一向态度，本不应出手。但由于事关重大，利益攸关，伦奎斯特法院还是接受了小布什一方的上诉。判决的结果直接导致小布什胜出。而小布什的胜出则至少保证了往后四年乃至八年内，最高法院的保守倾向不会发生根本逆转。这一判决说明，保守的伦奎斯特法院也有相当的实用主义倾向，他们的保守立场可以根据所涉及问题的性质加以适当的调整。显然，布什的当选与否比起是否坚持州主权原则，其重要性不可同日而语。因此，五位保守派大法官毫不犹豫地改变在联邦主义问题上的保守立场，极为迅速地插手佛罗里达的选举纠纷。

伦奎斯特是个幸运的大法官。如果没有尼克松的赏识，他根本进不了最高法院，可在他进入最高法院不到一年后，尼克松却东窗事发，因“水门事件”黯然离开白宫，成为美国历史上第一位因政治丑闻辞职的总统（在最高法院审理尼克松案时，伦奎斯特也因为与尼克松的这种关系而回避）。如果里根总统没有将斯卡利亚等保守派大法官送进最高法院，伦奎斯特也许只能是“孤独”的异议者，根本无法实现自己的政治理想。

但伦奎斯特的成功并不仅仅来自于幸运，更重要的原因是他敏锐的感觉和高度的技巧；他将自己的使命与智慧和耐心紧密结合，在每一次的判决中充分表达自己的思想，也许这种思想暂时只能处于“少数派”地位，但他相信他的思想在未来的案件中，一定能够生根、发芽、开花，硕果累累。时间证明他对了，尽管并不全对。

1962 年对“大跃进”中的政法工作纠偏

崔 敏*

1962 年，在共和国的年轮上，留下了深深的印记。这一年，是“大跃进”造成的灾难充分显露的一年，政法工作“大跃进”的种种做法，也已被证明是出了偏差。于是，继年初中央召开“七千人大会”总结经验教训，统一全党的思想之后，又开始对政法工作纠偏，这是新中国成立以来政法战线的第一次拨乱反正。

一、“大跃进”之前政法工作的简要回顾

新中国建立后，本应尽快制定自己的法律，走上依法治国的道路。但是，由于战争年代的惯性思维，仍然沿用了不断发动政治运动的方式来解决社会矛盾，主要依靠政策办事，基本上无法可依。

中国的法制建设，从 1954 年开始起步，其标志是当年 9 月召开的全国人民代表大会制定了新中国的第一部宪法。不久，中国共产党又于 1956 年 9 月召开了第八次全国代表大会，认真分析了国内主要矛盾的变化，决定把工作重点转到社会主义建设上来。“八大”通过的政治报告明确提出：“我们目前在国家工作中的迫切任务之一，是着手系统地制定比较完备的法律，健全我们国家的法制。……一切国家机关都必须严格地遵守法律，而我们的公安机关、检察机关和法院，必须贯彻执行法制方面的分工负责和互相制约的制度。”[1] 当时分管全国政法工作的党内元老董必武在“八大”的发言，明确提出“依法办事是进一步加强法制的中心环节”，成为“八大”

* 作者为中国人民公安大学教授。

[1]《中国共产党第八次全国代表大会文件》，人民出版社 1956 年版，第 57-58 页。

会议的一大亮点。

从1954年宪法的制定到1957年上半年，党和国家比较重视法制建设，有学者称之为“中国法制建设的第一个黄金期”。

可惜，好景不长，1957年夏季突然发动了一场“反右派”斗争，使政治空气骤然收紧。在反右派运动中，一大批司法干部和法学家以及律师被打成“右派分子”。当时在政法战线批判的“右派观点”，主要是“司法独立”、“无罪推定”、“自由心证”和“有利被告”，连宪法规定的“人民法院独立审判，只服从法律”也被批判，主张审判独立竟被说成是“以法抗党”，遂使法制建设戛然止步。

乘着“反右派”的东风，1958年6月至8月召开了第四届全国司法工作会议，这次会议实际上是在政法战线更为深入的“反右派斗争”。会议期间，把司法部党组打成了“反党集团”，随即将司法部撤销。第四届全国司法工作会议对董必武的法律思想来了一次总清算。尽管未公开点名，但会议斥责“一些法院干部死抠法律条文，对法有了迷信，使法成了自己的一个紧箍咒”；“把法神秘化、偶像化，成了束缚自己对敌斗争手脚的绳索，有时还想强加于人，束缚兄弟部门的手脚”。对照董必武提出“依法办事是进一步加强法制的中心环节”，这一批判的矛头所指不是很清楚了吗？

会议最后形成的文件特别强调：“人民法院必须绝对服从党的领导，成为党的驯服工具。……不仅要坚决服从党中央的领导，而且要坚决服从地方党委的领导；不仅要坚决服从党的方针、政策的领导，而且要坚决服从党对审判具体案件以及其他一切方面的指示和监督。”这便是第四届全国司法工作会议的结论，对后来的政法工作影响深远。

1958年8月21日，毛泽东在北戴河协作区主任会议上，借评论公安、司法会议发表谈话，他说：“公安、法院也在整风。法律这个东西，没有也不成，但我们有我们这一套。民法、刑法那么多条，谁记得了？宪法是我参加制定的，我也记不得。我们基本上不靠那些，主要靠决议、开会，一年搞四次，不能靠民法、刑法来维持秩序。我们每次的决议都是法，开一个会也是一个法。”他还说：“要人治，不要法治。《人民日报》一个社论，全国执行，何必要什么法律？”其时，在座的刘少奇也附和说：“到底是人治还是法治？看来实际上是靠人，法律只能做办事参考。八大会议、北戴河会议的决定，大家去办就是法。”

两位主要领导人的这一席话，可谓一锤定音，对前些年中国法制建设的探索做了定论。于是，“要人治，不要法治”便成为最高领导层的决策。随后发动的“大跃进”，就成为人治的实验场，把“要人治，不要法治”推向了极端。

二、“大跃进”概述

1958年1月，在南宁召开的中央工作会议上，毛泽东提出了“鼓足干劲、力争上游、多快好省地建设社会主义”的总路线，接着发动了工农业生产大跃进，又号召“大办人民公社”。当时，把总路线、大跃进和人民公社合称“三面红旗”。提出要在十五年内超过英国，二十年赶上美国，后又几次缩短超过英国的时限，认为“两年是可能的”。[1]为此，要求粮食产量和钢产量在一年内都要翻一番。于是调动了九千万人上山大炼钢铁，几千万人去兴修水利，轰轰烈烈的“大跃进”便在神州大地延烧开来。

“大跃进”的显著标志是“放卫星”。[2]你追我赶，“卫星”越放越大——青海省蹇什克农场亩产小麦8585斤，广西环江县红旗农业社亩产水稻130434斤，都是由省委书记坐镇、县委书记过秤“核实”了的，大幅照片刊登在《人民日报》头版，谁能不信？但却没有一个是真的。共产风、浮夸风、瞎指挥风、干部特殊风和强迫命令风等“五风”泛滥，对工农业生产造成了极大破坏，不仅没有增收，而且被消耗殆尽，不久就出现了全国性的大饥荒。到头来，“大跃进”竟成了“竹篮打水一场空”。

三、政法工作“大跃进”

在“大跃进”中，政法战线自然不甘落后。为了保卫“三面红旗”，提出“要把房子打扫干净，像玻璃板、水晶石一样透明”。公安部制定了《1958年

[1] 毛泽东对印发《两年超过英国》报告的批语，1958年6月22日。
[2] 1957年11月，苏联发射了两颗人造地球卫星，在全世界引起很大震动。于是，人们便赶时髦，把所谓高产典型叫做“放卫星”。

公安工作计划要点》，明确要求“努力实现无15元以上的盗窃案，无10元以上损失的火灾，无较大群众性迷信活动，无赌博的农业合作社和无破坏事故，无百元以上盗窃案、无10元以上损失的火灾的机关、学校”。这个计划要点经毛泽东亲自审阅、认可后下发，作为公安工作“大跃进”的方向和目标。

贵州省公安厅率先响应，于1958年2月提出开展“无火灾、无积案、无土匪、无盗窃、无骚乱、无烟毒流行、无赌博活动”的“七无”运动。公安部立即发文在全国推广。有人又提出“苦战一年到三年，实现无反革命，无盗窃，无抢劫，无强奸甚至无民事纠纷”等空想计划，但却没有提出达到这些目标的有效办法，而是笼统要求“把应该逮捕的人坚决依法逮捕起来，把应该管制的人坚决依法管制起来；对已经摘掉帽子又有违法行为的地主、富农、反革命、坏分子，一律戴回帽子”。至于什么叫做“应该逮捕”，什么叫做“应该管制”，所谓“依法”是依什么法，都没有标准，这就给滥施惩罚提供了政策依据。

在历次政治运动中，惯常的做法是重实体，轻程序，实行“联合办案”。“大跃进”中又提出“一长代三长，一员顶三员，下去一把抓，回来再分家”。[1]进至1960年11月，时任公安部长、中央政法领导小组负责人的谢富治，又“别出心裁”，提出中央政法机关应当精简机构和改变管理体制。同年11月11日，中共中央对谢富治的报告作了批复，批复中说：“中央书记处决定：（一）中央公安部、最高人民法院、最高人民检察院合署办公。对外，三机关名称不变，保留三块牌子，三个大门出入；对内，由公安部党组统率，两院各出一人参加公安部党组，以加强工作联系。（二）三机关合署办公后，最高人民检察院保留二三十人，最高人民法院保留五十人左右，各设一个办公室，分别处理检察、法院的必要业务工作。”

从此，确立了公安的“老大”地位，把“两高”直接置于公安部的领导之下，成了公安部的附庸，完全取消了法院和检察院对公安机关的监督和制约。按照1954年宪法的规定，国务院和最高人民法院、最高人民检察院为平行

[1] 所谓“一长代三长”，是说公安局长、检察长和法院院长可以互相代行职权。“一员顶三员”亦然。说是“下去一把抓，回来再分家”，实际上联合办案搞成了“一锅煮”或“一勺烩”，根本不分家。

机构，统称“一府两院”；而公安部只是国务院下属的一个部，它与“两高”并不处于平级的地位。然而，未经全国人民代表大会修改宪法，就对“一府两院”体制作了伤筋动骨的改动，将三机关合而为一，对中国的法制建设造成了巨大冲击。

中央公检法机关合并后，上行下效，各地一律取消了公检法三机关的建制，改为“政法部”或“政法公安部”，撇开正常的办案程序，搞成了“一锅煮”和“一勺烩”。于是便出现了这样的情景：各级党政领导率领政法干警下乡下厂为“打开局面”随意捕人；对抓起来的人有的甚至不开庭审判，加几个罪名就判处了刑罚。当时又提倡“群众专政”，放任人民公社、生产队和厂矿企业私自设立劳改队、劳教队和集训队，对不听话的群众关押、批斗，造成了种种严重恶果。

四、灾难造成后的调整与反思

大约从 1961 年起，在一些文件或领导人讲话中开始出现了反思的声音。下面摘引几段对政法工作反思和纠偏的讲话，听听当时是怎么说的。

1961 年 6 月 24 日，当年鼓吹三机关合署办公的公安部长谢富治，在中央公检法三机关碰头会上的讲话中，说了一番似乎是批评别人的话：“从我们三家来说，有过‘三起三落’。这几年公安的毛病，是腿伸得太长了，把一些不属于公安的事情也拿来办了。检察、法院的腿太短了，这种情况必须改变。”

1961 年 7 月 3 日，谢富治在公安部党组扩大会议上又说：“公检法三家的职责，这几年也搞乱了。下面有的同志说，‘公安共了检察、法院的产’。中央政法三机关搞一个党组，一个机关，是一种没有调查研究的、简单化的做法。……不能刮‘共产风’，不能把检、法当做辅助工具。过去有些做法是错误的，如‘一员顶三员，一长代三长，下去一把抓，回来再分家’，等等，现在要很好清理一下。”

反思比较彻底的，是当时党内的二把手、国家主席刘少奇。他亲自到各地调研，发现政法工作存在许多严重问题，遂督促政法机关检查、纠偏。

1962 年 3 月，刘少奇看到一期《公安工作情况通报》。通报称，1961

年是公安工作困难最大的一年，但捕人最少、杀人最少。根据对实际情况的了解，他认为这个材料反映的情况是虚假的，掩盖了公安工作中的主要矛盾。3月15日，刘少奇写信给中央政法小组负责人、公安部部长谢富治。信中说：

> 此件看过。我认为这是一方面的你们能够控制的好的情况。请你注意另一方面的情况，就是从1959年以来，有许多地方公安机关，甚至公社大队等用长期拘留、长期集训、劳教等方式，实际上逮捕了许多人，饿死和折磨死了一些人。……你们应该严格地检查、揭露、批判和纠正这种违法的情况。[1]

3月17日，刘少奇在武汉同罗瑞卿、谢富治和湖北省委第一书记王任重谈话，对政法工作提出了尖锐批评：

> 这四年的经验教训多得很，你们要好好总结，主要经验是混淆两类矛盾。混敌为我的也有，但主要是混我为敌。下面不按照法律，县、公社甚至大队用长期拘留、集训、劳教等办法，不知折磨死了多少人。你们要认真检查，彻底揭露、批判。当然，揭露出来是不好看的，是很丑的，但是，有那个事实嘛，怕什么丑呢？今天不揭，明天还要揭；你自己不揭，别人要揭；活人不揭，死后下一代也要揭。[2]

4月28日，刘少奇在听取谢富治、谢觉哉等人汇报后，严肃指出：

> 我们无产阶级的法律还没有成熟，还没有真正建立起来。我们也有混淆两类矛盾的经验。现在要纠正，要总结经验教训……检察院、法院要独立办事，党委不要干涉具体事务，党委什么都干涉不好。以后下面公检法向上级写报告要直接报，不要经党委

[1]《刘少奇年谱》（下卷），中央文献出版社1996年版，第551页。
[2]《刘少奇年谱》（下卷），中央文献出版社1996年版，第551页。

批准，经过党委批准是错误的。要有对立面，唱对台戏，三机关互相制约也是对立面，也是唱对台戏。……这几年犯的“左”的错误是在党委的绝对领导下犯的，这是一条重要的经验。[1]

五、一篇拨乱反正的重要讲话

1962年5月23日，刘少奇召集中央政法领导小组的负责人开会，研究如何总结1958年以来政法工作的经验教训等问题。他在会上语重心长地发表了一篇掷地有声的重要讲话，摘要如下：

这几年的政法工作，就问题方面来说，总的经验教训是混淆两类不同性质的矛盾，主要是误我为敌，打击面过宽。……用对付敌人的专政的办法来处理自己人的问题，处理劳动人民的问题，这是个根本错误。这不是共产党的方法，而是国民党作风，是站在人民之上，向人民施用压力。……这样处理的结果，不仅不会解决矛盾，相反会使矛盾更加激化，甚至造成分裂。

这几年打击面宽了，是个事实。劳动教养本来是处理人民内部问题的，结果用了同处理敌我问题一样的办法。行政拘留本来是有严格的时限的，结果长期拘留，不依法办事。行政拘留、集训、劳动教养，变成和逮捕一样。有的单位还自己搞拘留、搞劳改，这是非法的，不允许的。此外，有的党政负责人，随便批准捕人，根本不要公安局、检察院这一套。甚至有的公社、工厂、工地也随便捕人。这种破坏法制的行为，必须坚决制止。

法院独立审判是对的，是宪法规定了的，党委和政府不应该干涉他们判案子。

不要提政法机关绝对服从各级党委领导。它违法，就不能服从。如果地方党委的决定同法律、同中央的政策不一致，服从哪一个？在这种情况下，应该服从法律、服从中央的政策。[2]

---

[1]《刘少奇年谱》（下卷），中央文献出版社1996年版，第552-553页。
[2]《刘少奇选集》（下卷），人民出版社1985年版，第450-452页。

这篇讲话，言简意赅，句句铿锵有力，点到了问题的要害，对政法工作的长期积弊下了一剂猛药。建国以后，高层领导用这样坦诚的语气讲话，这是第一次，目的是引导大家痛下决心去纠偏。这是政法领域第一次严肃认真的检讨与反思，在当代法制史上，是一份极为珍贵的历史文献。

众所周知，“驯服工具论”最早是刘少奇提出的，但少奇同志的最大优点是勇于修正错误。在总结经验教训时，他一再强调“法院独立审判是对的”，“不要提政法机关绝对服从各级党委的领导”，直接否定了“驯服工具论”，表现了坦荡的胸怀，令人感佩！

可惜，刘少奇的这些意见尚未来得及贯彻，当年8月毛泽东在北戴河重提阶级斗争，要求“年年讲、月月讲、天天讲”，又将历史的车轮推向“左”倾覆辙。四年后，“文化大革命”暴发，造成长达十年的一场内乱。这是历史的悲剧，是中国法制的悲哀！

李六如与新中国的司法制度

侯欣一 *

一、职业革命家

对于今天的大多数读者，其中也包括很多法律史学者来说，李六如是一个陌生的名字。其实，对于新中国司法制度，特别是检察制度的确立，李六如是一个需要我们记住的人物。1948 年 10 月，早于国内其他地区建立了政权的中共东北行政委员会发布通告，任命 61 岁的李六如为东北司法部部长兼东北人民法院院长，开启了李六如与新中国司法制度的历史。众所周知，由于信息的不对称，以至于中共领导人个人与司法制度之间的真实关系很难被客观地、清晰地描述出来。但李六如可能是个例外，由于李晚年写有长篇自传《六十年的变迁》，加之又有经过官方审定的由凌辉、栗树林等学者编著的《李六如与六十年的变迁》（中国检察出版社出版）等传记作品的公开出版，从而使这一工作有了可能。

李六如（1887—1973）出生于湖南平江县一个殷实的商人之家。原名运恒，字韵生，号六如。早年参加同盟会和辛亥革命。1913 年留学日本，进明治大学专攻政治经济科。1921 年加入中国共产党，为中共最早的党员之一。参加过第一次国共合作和北伐战争，任国民革命军第二军党代表兼政治部主任，1927 年参加秋收起义，1930 年到中央苏区，任福建省苏维埃政府内务部部长、财政部部长，中华苏维埃共和国国家银行总行代行长等职。1937 年到延安，任毛泽东办公室秘书长，中共中央财经部副部长，中央行政学院院长。1945 年任热河省人民政府秘书长、东北财经委员会副主任。

---

* 作者为南开大学法学院教授。

在仔仔细细地查阅了李六如1948年以前的人生后，笔者发现在出任东北人民法院院长之前他曾与法律有过两次交集：一是早年在日本留学时，曾经与同为湖南人的覃振走动密切，覃振当时也在日本留学，学的是法律，回国后覃振曾担任过南京国民政府司法院副院长。尽管两人交往的目的主要是为了寻求救国之路，但保不齐交往中，两人会聊点法律问题。第二件事便是上个世纪二三十年代，李六如因参加中共从事地下活动，两次被当局逮捕入狱。一次是在南洋，一次是在江西，第二次还一度被打入死囚大牢。审判时，李六如自己动笔写的"辩诉状"。从常理上推论，要写辩诉状，李需要看看刑法之类的书籍，因而，多少会有一些刑法和诉讼方面的知识。除此之外，我们就再也找不到他与法律有过什么关系了。

然而，从1948年起李六如的人生出现了戏剧性的一幕，完全被动地被历史潮流拉进了新中国的司法制度史中。

二、东北人民法院院长

与中共党内许多司法官员一样，李六如也从未接受过现代法学教育，是一个地地道道的职业革命家。当过兵、打过仗，编过报纸，教过书，做过文秘工作，可以说三百六十行什么都干过，唯独没干过的只有司法工作。可不知组织上出于什么样的考虑，偏偏就选中了他担任东北行政区司法部部长和东北人民法院院长，而且任命时李已年过六旬。

不仅没有法律知识，而且什么样的司法制度才能适合东北这一当时国内工业化程度最高的地区的需要，李六如心中也并不清楚。尽管此前中共曾在陕甘宁边区创建过属于自己的司法制度，但那套东西是建立在战争环境和农村社会之中的，能否适合工业文明和现代城市生活谁心里都没底。东北行政区可以说是中国共产党掌控的第一个真正意义上的城市政权。

古人说，年过三十不学艺。但为了工作，李六如必须从头学起。东北人民法院的院址在沈阳。沈阳在地缘和历史上与苏联多有联系，而且此时的苏联对中共、对东北地区更是有着非凡的影响力。因而，李六如决定大胆学习苏联，为即将创建的新中国审判制度摸索点经验。

李六如走马上任后做了以下几件大事：

一是健全法院组织。李六如上任时，东北人民法院和东北地区的审判组织都尚未真正建立起来，人员也残缺不全，工作未有效展开。李六如利用司法部部长和法院院长合一的有利身份，克服各种困难，很快就成立了东北人民法院，还参照华北人民政府的做法，健全了县、市、省三级法院组织，并配备了1000多名工作人员。尽管由于政审等原因，这些工作人员中具有法律知识者寥寥无几，但毕竟是把架子搭起来了。

二是向苏联学习。机构和人手有了之后，他又立即开始对这些新人进行培训，而培训的内容则是苏联的法律知识和苏联的法学理论，希望用苏联全新的社会主义法制理念来武装这些新人的头脑，用全新的社会主义法律知识来构建司法人员的知识系统。他着手组织力量编译苏联的法律法规，在很短的时间内就编写了《苏联的法院》、《苏俄刑法》、《苏俄婚姻亲属及监护法》、《苏俄民法》、《苏俄民事诉讼法》五本书，同时还配套翻译了《苏俄检察制度》、《苏联的人民法院》、《苏俄劳动法》、《苏俄民事诉讼法概论》、《苏俄民法概论》等五本书，一起发给司法部和法院的工作人员，供大家学习参考。尽管在下发这些参考书的时候，李六如也强调对苏联的法律、司法制度我们要“借鉴”，不能“照搬”，但在一个视苏联为唯一合法榜样的特定时代，借鉴与照搬之间的区别很少会有人耐心去品味，会真的明白。

三是改变各级党政领导不遵守法律，甚至违法乱纪的游击习气。当时，在各级领导干部中乱打人、随便抓人、乱没收、以言代法等现象较为普遍，李六如经过调研发现后，立即向东北局党委和东北行政区委员会反映，提高了大家对这一问题的认识，在一定程度上改变了党的形象。

正是在李六如的努力下，东北地区的司法制度特别是审判制度实现了从无到有，为接下来的进一步发展打下了良好的基础；同样是由于李六如的努力，刚刚成立的东北人民法院和正在创建之中的东北司法制度深深地打上了苏联司法制度的烙印。

三、最高人民检察署副检察长

新中国成立后，经毛泽东提名，最高层决定调李六如到中央，担任最高人民检察署副检察长。说是副检察长，实际上是一把手。这是因为，从1949年1月起，检察长罗荣桓就因严重的肾病而在休假，只是一个挂名的。李六如到任后罗荣桓曾亲自给他写信，表示自己因病不能到署办公，一切工作均由他主持。此外，另一位副检察长蓝公武又是无党派人士，因而，李六如实际上是初建的最高人民检察署的唯一负责人。1951年后，中央又决定最高人民法院和最高人民检察署党组分别设立，经中央批准，李六如又担任了最高人民检察署党组书记，集党政大权于一身。

对于这个任命，李六如本人心里又是一点准备都没有，他曾对夫人说："搞检察工作，我是外行，困难一定很多，本不想去。但这是毛主席提的名，是中央决定的，我应当坚决服从。我虽然已经六十多岁的人了，但只要努力学习，就像前些时候到东北司法部和东北人民法院那样，从头学起，外行逐步可以变成内行。我们党以前主要精力是打仗，是夺取政权，现在仗打完了，政权到手了，要搞建设了，许许多多的事情都要从头学起，从头做起，我就从头学起吧。"

其实，没有准备的，不仅是李六如本人，也包括新成立的共和国。新中国成立初期，对于刚刚设立的检察机关的性质、职权、组织形式、工作体制等方面问题，高层内部也没有统一的认识，也需要从头学起。

李六如在比较和研究了世界各国的检察制度后，认为世界各国的检察制度从性质上讲可以分为两种：资本主义的和社会主义的。中国是社会主义国家，其所建立的检察制度也理应是社会主义的，而老大哥苏联经过30多年的实践，已建立起一套成熟的检察制度和理论，在国家的政治生活中发挥着重要的作用，是无产阶级专政的重要武器。因而，中国必须向苏联学习。

目标明确后，路径也就有了。一是文献学习，统一思想。李六如亲自动手挑选了列宁写的《论"两重"从属制与法制》一文，以及苏联法学家维辛斯基介绍苏联检察制度的两篇文章，并自己编写了《各国检察制度纲要》的小册子，汇在一起编印成《检察制度》一书发给全行业学习。列宁和维辛斯基的文章集中体现了苏联检察制度的精神。二是聘请苏联专家亲自指点，帮助中国构建新的检察制度。新中国成立之初，最高人民检察署和其他许多行业一样聘请了几位苏联检察实务方面的专家，为中国同行讲课和做报告。李对苏联专家极为尊重，虚心讨教，合作得非常好。

李六如对苏联检察制度的学习，以及对苏联专家的态度得到了毛泽东、周恩来、董必武等党和国家领导人的赞赏，也得到了苏联专家的肯定，苏联专家认为他是一个“有科学态度、务实的领导人”。

通过上述学习和努力，新中国的检察制度终于与晚清以来从日本移植而来的检察制度有了质的区别，实现了重大突破，有了所谓的社会主义的特色。

这些特色包括：

将检察机关定位为法律监督机关。对于新中国检察机关的性质，李六如最初的表述是广义的司法机关，最后定性为法律监督机关，职能为两大部分：一是司法监督，包括侦查监督、提起公诉、审判监督和劳教、劳改监督；二是对国家行政人员实行监督。同时一再强调检察机关在履行职能时必须紧紧围绕着党和国家的中心工作进行，并为党和国家的中心工作服务。它既是无产阶级实现统治的专政机关，又具有国家法律监督的职能。

组织上独立设置。新中国成立之初，检察机关是否独立设置在高层一直存在争议。1951 年，在中央召开的全国编制工作会议上，保留检察机关的名分，但不单独设立机构，将检察机关的工作移交给公安机关的“取消风”成了主流观点，检察署生存面临着第一次严峻的考验。当时李六如在外地出差，不知此事。获悉后他立即赶回北京，给周恩来总理写信，坚决反对编制会议做出的取消检察机关的决定，指出检察机关在镇压反革命工作中发挥了不可替代的作用，理应保留，并独立设置。正是他与其他一些同志的坚持，才使毛泽东最后做出了保留检察机关的决定。

检察机关体制上实行垂直领导。为了排除地方、部门和个人的干涉，列宁最先提出了检察机关在体制上应实行垂直领导的主张。李六如对此坚决拥护，并将之作为全国检察系统的工作原则。

更为重要的是，李六如在任期间还组织起草了《最高人民检察署试行组织条例》等系列文件，将上述内容确定了下来。

1954 年 9 月，第一届全国人大召开，制定颁布了新中国第一部宪法，最高人民检察署更名为最高人民检察院，选举张鼎丞为最高人民检察院检察长，67 岁的李六如不再担任最高人民检察院的职务，结束了其与新中国司法制度的历史。

有关建国初李六如与检察制度的这段邂逅，《李六如与六十年的变迁》一书做出了如此评价："李六如根据列宁的法律监督理论，结合中国的实际情况，经过认真研究、分析、比较，把中国的检察机关从单纯的行政机关中分离出来，定性为广义的司法机关，这是对传统观念的初步突破，为新中国检察制度的建立和完善，做出了重要贡献。"

新中国的司法制度在创建过程中，无论是从理念层面，还是具体的制度设计上受原苏联影响极深，这是一个人所共知的事实。当然，我们必须指出的是，笔者无意夸大李六如个人在此方面所起的作用。学习苏联，包括苏联的司法制度、司法理念是当时特定的国际国内政治背景下的产物，非李六如个人所能决定，李六如在此过程中所起的作用只是推动而已。

和珅何以被降级

张利兆 *

最近，闲暇之时阅读了《和珅秘传》。和珅是清朝乾隆年间的大贪官，可谓权倾朝野，富可敌国。但鲜为人知的是，和珅尽管工于心计，八面玲珑，但在仕途上也曾经有过起落。

在和珅担任户部侍郎之前，新任户部尚书为了强化自己的权力，上任不久即清理门户。两名侍郎被清除出户部，一名司务厅的司务安明也被降职，担任笔贴式。因为司务厅掌管几十个分司和分局，因此司务职位自然是炙手可热。安明被降职后，自然心有不甘。安明也是一个察言观色、工于心计之人，和珅到户部任侍郎后，就开始对和珅竭尽逢迎之能事。由于安明不但善于逢迎，而且办事干练，因此深得和珅好感。和珅曾问他为何被降职，安明道："因为侍郎与尚书不和，侍郎被调走，属下也连带着降了职。"和珅劝慰道："既无过错，只要勤勉，提升也是有望的。"随后和珅向尚书举荐，因为和珅是乾隆爷的宠臣，尚书也就同意了。经过考察，安明被评为一等。原司务被明升暗降地提拔为主事，安明也就顺理成章地官复原职了。但是安明也是命运多舛，偏偏在这个时候，他的父亲命赴黄泉。按照清朝礼制，官吏父母逝世后，应在家居丧三年，不能为官。安明做官心切，便将父亲病逝一事隐瞒了下来，殊不知他就此犯下了大逆不孝之罪。东窗事发后，安明与和珅被礼部尚书永贵弹劾，对和珅弹劾的理由是"和珅在京察（考察官吏）时没有发现安明大逆不孝，居然保他为一等，得以提升，和珅实是扶同瞻徇"。和珅得到风声后，对安明进行了严厉训斥，为求自保，同时写好参奏安明和罪己的奏本，呈于皇上。乾隆认为和珅罪无旁贷，但最终以"和珅是受

* 作者为浙江省宁波市人民政府法制办公室主任。

安明蒙蔽，若存心瞻徇，岂能亲自劾他”为由，降二级留用。

和珅被降级是一起我国古代因举荐失察而受严格问责的典型案例，也由此反映了康乾盛世时期我国吏治的一个侧面。和珅何以被降级？答案自然是不言自明的了。

时代变迁，制度更迭，但腐败的幽灵一直在大地上徘徊。当前，在干部选拔任用中，“带病提拔”的例子还是屡见不鲜。如开封市市长周以忠在被省纪委带走的前一天（2011 年 5 月 14 日），河南省委组织部还曾派考察组前往开封，考察周以忠“是否适合担任开封市委书记”，投票结果“基本上没有反对意见”。陕西省政协原副主席庞家钰长期以来一直被群众检举，但这并没有妨碍他步步高升，直到中纪委介入才最终落马，以致被坊间称为“边腐边升”。被称为“许三多”的杭州市原副市长许迈永，1995 年就淘得第一桶金（受贿 100 万元），在以后的十几年间贪污受贿愈演愈烈，生活也越发糜烂，但职位却一路飙升。类似例子不一而足，其中的原因当然有徇私舞弊、任人唯亲，但更多的应该是举荐、考察等环节的失察失误。对此，我们每个人都不禁会问，那是否有举荐、考察等有关失察失误人员被追究相应责任的呢？

笔者查阅了有关干部工作的相关规定，其中《中国共产党纪律处分条例》第六十四条规定：在干部选拔任用工作中，违反干部选拔任用规定的，追究主要责任者和其他直接责任人员的责任，情节较轻的，给予警告或者严重警告处分；情节较重的，给予撤销党内职务或者留党察看处分；情节严重的，给予开除党籍处分。……用人失察失误造成严重后果的，对主要责任者和其他直接责任人员，依照第一款规定处理。《条例》对相应责任人员的责任追究作出了规定，但极其原则，因此对相关人员尤其是失察失误人员的问责相当困难。为此，有专家指出：过去我们讲反腐工作向纵深扩展，应该一直追究到监督部门的责任，但是现在看来，还有必要更进一步，还要追问是谁提拔了“带病”的干部。笔者深表赞同。因为吏治腐败如果得不到遏制，必将严重影响执政党的威信，并将严重侵蚀执政党的群众基础。

笔者长期从事检察工作，对错案责任追究问题深有所感。检察机关有《检察人员执法过错责任追究条例》等规定，对可能出现的各类执法过错进行了详尽的规定，并且对有关责任人员规定了相应的责任。在实际执行中，一旦出现错捕、错诉，尤其是出现无罪案件，则是上下重视，查找问题，分析原因，明确责任。轻则通报批评，重则受到调离岗位、行政处罚甚至刑事追究等各类处分。错案责任追究制应该说起到了积极的作用，它不仅提高了检察人员的办案责任感和质量意识，也使得检察工作更加科学、规范。检察工作涉及公民的自由、财产甚至生命，也关乎社会稳定，自然不能有丝毫懈怠。但是干部选拔任用，更是事关全局，因为选拔优秀的领导干部，能造福一方，增进人民的福祉和安康，也是我们党和国家之大幸。因此对干部选拔任用中的失察失误行为进行问责，更是必要和紧迫。

我们党成立 90 多年来，取得了举世瞩目的成绩，但是我们党一直保持着清醒的头脑。胡锦涛总书记在《庆祝中国共产党成立 90 周年大会上的讲话》再次振聋发聩地告诫全党："在新的历史条件下提高党的建设科学化水平，必须坚持五湖四海、任人唯贤，坚持德才兼备、以德为先用人标准，把各方面优秀人才集聚到党和国家事业中来。""要坚持凭实绩使用干部，让能干事者有机会、干成事者有舞台，不让老实人吃亏，不让投机钻营者得利，让所有优秀干部都能为党和人民贡献力量。"落实胡锦涛总书记的讲话精神，真正打造一支人民满意、德才兼备的优秀干部队伍，需要我们健全各项管理制度，尤其是要加强监督和问责制度。对此胡锦涛总书记进一步提出："建设好、管理好一个有几千万党员的大党，制度更带有根本性、全局性、稳定性、长期性。""全党同志都要牢固树立法律面前人人平等、制度面前没有特权、制度约束没有例外的观念，认真学习制度，严格执行制度，自觉维护制度。"

因此，为了加强干部队伍建设，规范干部选拔任用工作，使每一位干部强化责任意识，慎用手中的权力，减少甚至杜绝"带病提拔"情况的发生，当务之急是完善各项责任制度，尤其是要强化对干部推荐、考察、任用中的失察失误人员的问责。对此，司法部门比较完善的错案责任追究经验可供借鉴，同时我国古代的严格问责制度也值得深思。

"和珅"们能否被降级，事关吏治清明，国家昌盛。兹事体大！

痛悼恩师江伟教授

熊跃敏 *

一

9 月 14 日下午 4 点 20 分，我接到刘敏师兄的电话，说师母让我速到医院见江老师。我火速赶到北医三院，师母说："小熊啊，快见见你们江老师吧！"我急切地打开 ICU 病房的房门，看到江老师已经进入昏迷状态。我强忍泪水，在老师耳边轻声呼喊。此时，江老师已经无法应答，一滴泪水从江老师眼角慢慢溢出。我用手轻轻擦去江老师眼角的泪水，紧握江老师已经肿胀的手，不忍离去，直到值班护士再三催促，我才离开。走出病房，我几乎站立不住，蹲在走廊，抱头呜咽，我不得不接受一个可怕的事实：这可能是我与江老师的最后一面了。

次日早晨，便传来了江老师与世长辞的噩耗。从此，天堂里多了一位法学家，人世间少了一位领路人。

一段时间以来，我的心情始终难以平复，很难接受江老师已经离开人世的事实。距 7 月 23 日江老师因腿疾到北医三院看病只有 54 天，距 8 月 9 日入院治疗更是只有短短的 37 天啊！

江老师对自己的健康向来很自信，很少参加体检，更不愿意去医院看病。记得 2007 年 5 月，江老师从外地讲学回京后，高烧不退，却不肯就医。在师母和学生们的"逼迫"下才住进了医院。通过检查，发现患有糖尿病。在师母的精心照顾下，经过近两个月的治疗，康复出院，躲过一劫。从此，师母像照看孩子一样照顾着江老师，寸步不离。江老师也像"小学生"一

* 作者为北京师范大学法学院副院长。

本文作者熊跃敏和江伟教授的合影

样听话，每天坚持锻炼，不喝酒，少量吸烟，少吃多餐。他自我感觉似乎身体已经恢复，一如从前。虽然年逾八旬，依然奋战在民事诉讼法学教学科研第一线，为民事诉讼法学的发展倾注心血。

可能糖尿病的病魔还是在老师的身体里留下了隐患。今年 7 月中旬，江老师感觉腿部疼痛，并伴有腿肿现象。23 日，老师去医院看病时，走路已有一些困难，我特意推了一辆轮椅，可老师始终不愿坐在轮椅上，坚持步行。他说："我就是右腿有点站不住，不碍事。"我知道，江老师不愿意接受他可能走不了路了，从此要由轮椅陪伴的现实。尽管搀扶老师步履蹒跚地楼上楼下看医生，但我没有强迫老师坐轮椅。我默默祈祷这样一位热爱生命、无比坚强的老人这次也一定会战胜疾病，恢复健康。

然而情况并没有我想象的那么乐观，江老师服药后病情不见好转，并有持续低烧现象，8 月 9 日入住医院时完全不能走路了，是用轮椅推着进入病房的。入院 10 天后病情更是急转直下，已经不能吃饭，只能喝一点点汤。在一个多月的入院治疗中，江老师顽强地与病魔作斗争，我能够深刻感受到江老师对生的渴望，他多么希望能够早日病愈、恢复健康，因为他还有太多的牵挂：对家人的惦念、对学生的关切、对民事诉讼法学事业的不舍。然而，事与愿违，敬爱的江老师永远地离开了我们。

二

我于2000年有幸成为江门弟子中的一员。至今还清楚地记得第一次登门拜访江老师的情景。虽然那时我还是民事诉讼法的初入门者，但江老师这样一位民诉法的大家仍然饶有兴趣地与我探讨民事诉讼法的问题，给予我很多鼓励。从此，我们便结下了深厚的师生情谊。江老师之于我，不仅是学业上的导师，更是人生路上的引路人，我生命历程中的每一个重大选择都离不开江老师的教导和帮助。遇到不解和疑惑找江老师倾诉已成为我的习惯，每每江老师三言两语便使我茅塞顿开，豁然开朗。江老师的为学、为人、为师之道为我树立了标杆，是我终生学习的榜样。

江老师给我印象最深的是他对民事诉讼法学事业的高度责任感和使命感。作为新中国民事诉讼法学的开拓者和奠基人，他对民事诉讼法学的繁荣与发展、为新中国民事诉讼法典的诞生与完善做出了重大贡献。江老师最引以为自豪的经历是参加了1982年试行民诉法的立法起草工作，每次提及经过奋力争取学者的重要立法提议得到肯定时，喜悦之情便溢于言表。即使在健康状况大不如前的近年，他也多次带病参加民事诉讼法修改的研讨会，今年上半年还接受了中央电视台等多家媒体的采访，为民事诉讼法的修改鼓与呼。江老师不仅亲身参与，还号召弟子们积极参与，对民事诉讼法学研究会组织的多场研讨给予充分鼓励和肯定。江老师真正为新中国民事诉讼法学事业奉献了自己的全部心血。

教书育人，培育民事诉讼法学教学科研人才是江老师后半生的又一重要使命。江老师将毕生精力投入到他所钟爱的法学教育事业中。作为中国人民大学法学院的博士生导师，虽已进入耄耋之年，他仍然奋战在教学与人才培养的第一线。今年上半年还到校为民事诉讼法学博士生授课。虽然辛苦劳累，但这是江老师喜欢做的事情：与学生在一起，传道授业解惑。江老师所带的博士生毕业后大多选择到高校教书，这也是江老师的愿望，他认为民事诉讼法学的教学研究人才缺乏，希望弟子们毕业后以从事民事诉讼法学的教学科研为终生职业。弟子们所取得的点滴成绩，江老师都给予肯定、称赞与鼓励。江老师最高兴的事，就是接到弟子评上教授的喜讯，每每还要屈指算算有多少弟子已经成为教授、博导了。江老师不仅对自己所教的、所带的学生倾力指教，而且对向他求教的其他学生也都给予悉心指导，力所能及地提携和帮助，从不要求任何回报。桃李不言，下自成蹊。如今，江老师的很多弟子也已经成为民事诉讼法学教学科研的中坚力量。江老师无愧于法学教育家的称号。

三

在人大读书期间，或许是学生的通病，或许是学业的压力，使得我每次见江教师还有些畏惧。毕业后，尤其是2007年我从沈阳调入北京工作后，有机会经常看望江老师，与老师的距离近了，深感江老师是一位平易近人、和蔼可亲的老人。

江老师业余爱好并不多，民事诉讼法学界都知道他喜欢看武侠小说，由此也得了个“江大侠”的美名。江老师看武侠小说，并不限于金庸、古龙等武侠名家的作品，近年来香港、台湾地区一些小家的作品也成为他习读的范围，可以说是兼收并蓄。我曾问过江老师为何喜欢看武侠小说，他说这是他休闲放松的最好方式。不过，江老师看武侠小说并没有到着迷的程度，研究民事诉讼法才是他的最爱。今年春节前江老师说以前读过的金庸的小说有些已经忘了，很想再重读一遍，我爱人节后特意给江老师买了一整套金庸全集，可惜，江老师没有读完，便离开了我们。

江老师为人正直，既敢于直言，又善于提建设性意见。师母常说：“你们江老师说话太直，容易得罪人。”我所见的江老师真是个疾恶如仇，不媚权势，敢于直言的人。很多学界人士也在聆听过江教师讲课、做讲座乃至研讨会发言后，领略到江老师针砭时弊、直抒胸臆的豪迈。但江老师也是一位善于提建设性意见的大家。在本次民事诉讼法修改的讨论中，针对一些学者提出的司法环境没有改变，仅修改民事诉讼法能否解决司法不公的疑虑，江老师曾语重心长地说，作为一名学者，我们能发挥的作用就是致力于民事诉讼程序的完善，它也是改善司法环境的重要组成部分，如果基础工作没有做好，那就是我们的失职。师母曾提到上半年江老师经常一个人坐在沙发上，静静地思考民诉法的修改，并把断断续续思考的体会顺手写在了日历上。时刻牢记着自己的责任和使命，直至生命的最后时刻，这就是一位老法学家的执著。

江老师在生活中是一个特别平和、质朴的老人，对学生充满关爱，总是为学生着想。江老师不仅关心学生的学业，也关心学生的生活，尽力帮助有困难的学生。先后有几位同门因自费读书，生活较为困难，江老师便设法为他们提供上课、编书等机会，使他们顺利渡过生活的难关。江老师虽然是全国著名法学家，但他平时的生活非常简朴，对钱看得很淡。每次参与江老师主编教材的编写工作，与江老师合作发表文章，江老师都把稿费分给学生，自己不留分文。平日去拜访江老师，哪怕拿着一点不成敬意的礼物也会遭到江老师的批评，甚至节假日去看江老师，他也总是说不要买东西。这次江老师去世，弟子们和一些单位想给师母一点慰问金均被师母谢绝，她说这不符合江老师的一贯做法。虽然我们心里难受，但也不得不遵从。江老师还是一个不愿意麻烦学生的人。记得 7 月 23 日陪江老师看病，只是因为听师母的吩咐楼上楼下多跑了几趟，江老师就对师母发了火，责怪师母不该让我这么辛苦。在生病住院期间，每次去看望江老师，都劝我早点回去。平日最不擅长做饭的我，每次到医院给江老师送我做的饭，都能得到他的夸奖，还总说添麻烦了。

忆及此情此景，我已经是热泪盈眶了。我是一个不善表达的人。江老师，您知道吗？我在心底里对您充满了感激和敬意，是您把当年一个对民事诉讼法一知半解、懵懵懂懂的东北来的小丫头引领上她所一世钟爱的研习民事诉讼法的学术之路。江老师，与您所给予我的提携与关爱相比，我对您的这一点点帮助算得了什么呢？尽管 81 岁已经算得上长寿的年龄了，可在我的心里，我们的江老师应该活到 90 岁以上。江老师，您从发病到离世，这么短的时间，是不是也不想给师母和学生们添麻烦呢？可是您知道吗？哪怕您不能走路了，我们用轮椅推着您散步，那也是我们的幸福啊！有江老师在，我的心里不慌！

可是，江老师走了，尽管我不愿意接受这样的现实。江老师，您在天堂可好吧？多么希望那些与您神交的武侠们能陪伴您，让您忘却孤独和寂寞。

江老师，我们永远怀念您！

回忆和悼念：我的大学同桌谭晓玲

周大伟*

2012年11月20日，是我的大学同学谭晓玲逝世7周年的日子。

1979年9月初，我们一起考入位于重庆歌乐山下的西南政法大学（当时叫西南政法学院）法律系。我们被安排在同一个班。在大学一年级的第一个学期里，我和她曾是同桌。

一、我们的大学生活

谭晓玲，一个来自贵阳的考生。长得秀气温婉，稍带红晕的圆脸庞上有一双美目，和掷地有声的重庆口音不同，她讲了一口音调细软的贵阳口音。在大学法律系本来就挺稀有的女生里，她显得有些引人注目。最初同桌的几个礼拜里，我和她都不知道彼此的年龄。从外表上看，她显得比我这个在军舰上当过几天海军的男生要年轻一些。

既然是同桌，彼此就免不了要在教室里交头接耳地说说话、讨论课程问题、交换书籍和课堂笔记等。几个来回，我就发现有点不太对了。那种从青涩单纯衍生出的春意朦胧，好像正在从我们两张并不靠近的椅子之间，向上冉冉升起。在课堂以外的场合，我们偶尔相遇时，好像都在羞涩地躲避着彼此的目光。更有意思的是，一天午饭后，我在宿舍窗户外看到，有一个高大魁梧的男生正和她一边说话一边朝宿舍区走来，我当时竟然心里有一种很不快乐的感觉。

开学第二个星期后，学校就开始办理家庭困难同学的生活补助。我当

---

* 作者为旅美法律学者。

时在班里临时担任班干部，在申请家庭特别补助的同学名单上，我惊讶地看到了谭晓玲的名字。在她填写的申请表上，我看到她幼年时父亲就因病早逝，她的母亲是湖北恩施山区的一个小学教师，每月的工资只有20多元钱，家里还有未成年的弟弟和妹妹。看到她填写的这份困难补助申请表，我简直不敢想象，这样一个娟秀聪慧的女子，怎么会有这样不幸的童年身世和贫困家境。我从小生活在大城市里，尽管那个年代，家家都不富裕，但自己还从来没有体验过衣食之忧。我当时甚至在脑海里闪过一个念头，觉得如果我将来和她真的“好了”的话，说不定能在经济上照顾她的家人并改善她的困窘。今天看来，这可能是个有点儿滑稽可笑的想法，可在当年那一瞬间，的确很真实。

在后来的相互闲聊中，她告诉我，她幼年时父亲就不幸病逝了。母亲带着她和弟弟妹妹在乡间艰难度日，因为实在无力抚养子女，母亲只好在谭晓玲年幼时就把她寄养在贵阳的亲戚家里。所以，她从小在贵阳长大，贵阳城里住着她的养父母和表兄妹们。她说，自己的生母和弟弟妹妹还在湖北恩施，她打算明年暑假期间乘船去看看母亲和弟弟、妹妹。

后来，几乎就在同一个时间段里，我和谭晓玲大致都发现了彼此在年龄上的差距。在那个人们的生活方式还非常拘谨保守的年代里，我比她小三岁（换句话说，她比我大三岁）的事实，对我们二人来说，似乎并不是个爱情“可持续发展”的福音。更重要的是，我已经发现，在谭晓玲的周围，还有不少对她表示好感的“适龄男生”，其中不仅有同班、同年级的同学，还有年龄更大更成熟的高年级男生。这些人攻势挺猛，我明显预感到，即使我自己有这份“贼心”，或者也有某种“贼胆”，间或还有与她同桌的优越“地理位置”，恐怕也不是这些人的对手，到最后肯定会“寡不敌众、落荒而逃”，那还不如早点儿“缴械投降”算了。

就这样，不知道从哪一天开始，我们之间那种说不清道不白的东西开始凝固住了，我们两人座椅之间那点儿微弱的朦胧，渐渐归于平淡。后来的很多日子里，谭晓玲也一定发现了，这个比她小三岁的同桌男生，表面看上去挺成熟，其实，他比起高年级以及同年级、同班的那些真正成熟的男生来，毕竟还差得有点儿远。

后来，我自己也问过自己，这段短暂的春意朦胧，能不能算不算是自

大学的第一个暑假里，同班同学结伴乘船。右起：谭晓玲、王爱华、我、何朝明。30年前，我们还不懂得什么叫劳累、疾病和生命宝贵。2005年11月，谭晓玲已经英年早逝，永远离开了我们。

己生活经历中的一次恋爱呢？如果说算的话，大概也只是一次纯粹的柏拉图式的精神恋爱吧！彼此之间，有些羞涩的眼神，有些青春的悸动，还有些同情的爱怜；如果说不算的话，它就好像是昨夜的一阵细雨或微风，还没有飞扬，就已经翩然而去。

接下来的大学生活里，我们的关系就像一对彼此信任的异性知己朋友。彼此有什么事情，也常在一起商量。我发现，这个娇小柔弱的女同学，内心其实十分要强。我们有时候也会为一些不同的看法产生争论，有时还争论得很激烈。在这个后来当了我们的班长的女生面前，我有时也不愿示弱，总要竭力表现出自己比她成熟的一面，用今天的话说，就叫"装"吧。

大学的第一个暑假里，我和同班的几个同学（何超明、王爱华等）一起结伴乘船，经长江三峡、武汉去庐山旅游。恰好和乘同一条船去湖北探望母亲的谭晓玲相遇。记得船停靠在巴东时，我们看到不远处有一个瘦瘦的圆脸男孩子在朝我们这个方向挥手。谭晓玲说这个男孩就是她的弟弟，是她母亲安排他赶来码头接她回家的。我和何超明还对谭晓玲开玩笑说："把你弟弟叫过来，我们和他好好谈谈。让他叫我们几声大哥哥，然后才能把你接走。"谭晓玲笑着下了船，说我们没出息，就会欺负人家小孩。

大学的最后一年里，我决定报考北京名校的研究生。在和她谈天时，她告诉我，她也很想考研究生，但是一想到自己母亲这一辈子太辛苦了，还有弟弟妹妹需要自己帮助和照顾，决定毕业后就参加工作了，这样可以减轻一些母亲的负担。

1983年7月初，我收到了中国人民大学寄来的研究生录取通知书。临行前，我在沙坪坝百货商店买了几个精装的学习笔记本（这是当年学生们流行的毕业纪念品），其中一个是送给谭晓玲的。我还在扉页上给她写了几个字。

在我离开学校的那天中午，我来到女生宿舍楼门口，告诉门卫老大爷，我想找 79 级 5 班的女生谭晓玲来说几句话。几分钟后，她来了。我告诉她，我今天下午就要坐火车去北京了，临行匆匆，专门来和你道个别，送给你一个小礼物做个纪念。她当时抱怨我说，为什么不早点通知一声，让她一点儿没有准备。她说无论如何一定要回赠给我一个礼物，她让我等一会儿。她匆忙回到宿舍房间里，跑上来时气喘吁吁，脸红红的，手里拿来一个动物毛绒玩具送给我。我理解她的心情，什么礼物已经并不重要，只是一份心意。不过，后来，我一看到这个动物玩具，就觉得很有趣。心里在想：这大概是通常一个大女生会送给小男生的礼物吧！

只是，后来的很多年里，那个比她小三岁的小男生倒是一直怀揣着一个小小的疑问：凭谭晓玲一个女性的直觉和敏感，在大学一年级开始时那短短的几个星期的时间里，她就没有察觉到同桌的那个男生对她有那么点儿意思吗？还有，她自己对这个稍微有点儿幼稚可笑但还不算太糟糕的同桌男生，难道就一点儿意思都没有吗？直到大学毕业，我们谁都没有打算揭开这个谜底。最后揭开这个谜，那是 26 年以后的事情了。那时，她已经身患绝症，还是在她临终前不久的医院病榻前。

二、美国和中国之间

大学毕业后，我们各奔东西。我在北京读研究生，然后毕业留校任教。后来知道，谭晓玲在毕业前夕已经订婚，为了成全对这份婚姻的承诺，她选择分配回贵阳，在贵州省委讲师团工作。我们之间除了偶尔有些通信外，彼此联系不太多了。通过其他同学的渠道，知道她已经在贵阳结婚生女，夫妻恩爱。我知道她自幼生活贫苦，如今能如此享受天伦之乐，真的发自内心为她高兴。

几年后，随着出国留学的大潮，我去了美国。开始的几年里，每当我辗转不同的美国大学和城市，基本上都给她写封信，告诉她我的近况和新址。从她的回信中，我知道，当时她的丈夫所在的企业效益不好，已经濒临倒闭。

她的丈夫也在积极准备出国留学，但是签证却屡屡遭遇美国大使馆的拒签。为此，他们夫妇十分苦恼。

1990年9月10日，她在一封给我的信中写到："今年7月中旬，我去了一趟北京。……乘此机会，我去了一趟大使馆，门口熙熙攘攘，签证的人很多，我想如果你在北京，大家还可以商量一点办法。看来想要冲过最后一关，还是非常不容易。你们出去了，又对祖国有眷恋之感，但这些在大门口徘徊的人，又是另外一份心情。世界上的事情真是太奇妙了。"收到这封信后的几年里，因为彼此工作变动和忙碌，我们的通信联系几乎中断了。

若干年后，我从其他同学那里听说，她的丈夫出国的事情很不顺利，而且企业倒闭后，工作处于下岗状态，一直不太稳定。家里的财政主要靠她一个人的工资来维持，家庭生活十分节俭。

大概是2001年前后，我突然在电子邮箱里收到了她发给我的信。她告诉我，是从同年级的陈佐夫(现在中国建设银行任职，佐夫1999-2000年期间曾在美国斯坦福大学进修，期间我和他常有往来)得到了我的联系邮箱。失去联系多年后，能在高速穿越万水千山的网络空间里重建通讯联络，实在让人对现代科技的发达心怀感恩。

在电子邮件中，她告诉我，她已经离开省委讲师团，现在贵州省人民政府法制办任副主任职务。按照内地的说法，这个职务属于副厅局级。远隔万里之遥，我为她的职位的变迁而感到欣慰。过去曾有过担心，像她这样才学兼备的人才，在贵州这样的边远省份会被忽略和埋没。看来，只要是金子，无论放在哪里，迟早都会发光的。在这方面，上帝通常是公平的。

2003年夏天和2004年初，我在回国工作旅行期间，在北京见到了她。她当时正在位于北京北海公园附近文津街上的国务院法制办挂职工作。这是我们自从大学毕业20年后的再次相会。我觉得她的外貌变化并不是很大。尽管她已经是一个副厅级的官员，但无论是夏装还是冬装，穿着都很简朴。她告诉我，贵州的经济发展和沿海省市相比，还很落后。如果有合适的海外公司，可以介绍他们去贵州投资办厂。

记得是2004年底的一天，我在美国接到她发给我的一条短信，说她这几天正在代表省政府和聚众请愿的出租车司机们谈判，累得已经快坚持不住了。

三、难以置信的2005年：晓玲英年早逝

2005年5月初，我们大学的同班同学们在海南的海口和三亚聚会，几乎80%以上的同学们都来了。很多人都是毕业22年后第一次见面，聚会活动办得很顺利，大家都高兴。我当时恰好在香港开会办事，也参加了这次聚会，并为促成这次聚会尽了些努力。但因为公务原因需要返回香港，聚会结束前，我就匆匆离开了。

几天后，我收到晓玲的电子邮件。信中说：

大伟：你好！

这次海南之行感觉何如？和同学22年未见面，变化很大吗？因为你走得急，来不及聊细节，那天晚上大家唱歌联欢，噪音特大，也不是谈话的时间。你们走后，我是晚上的飞机，最后离开三亚。每每送走一批人，我心里都特别感慨，同学之间的情意还是很深的。从中午大家告别开始，不知谁提议：给个拥抱，于是乎男生、女生都大大方方的以拥抱告别。这种方式对你来说可能不陌生，海外生活多年，见多了。我还有一点不习惯。但是同学之间的真情感动了我，最后，在那种氛围下，我的眼泪都差一点掉了下来。有时大家也拿我来开开心，我已经年过半百了，无所谓了，只要大家高兴，我也高兴。祝你香港之行顺利！

晓玲，2005年5月17日

我回复说，我7月初有机会去贵阳工作旅行，希望能在贵阳重逢时面叙。

我在贵阳期间，和晓玲在酒店里有过两次长谈。我们共同回忆了很多大学时的往事，谈到了这些年里我们各自经历的风风雨雨，甚至还谈到了当年在大学时与各自交臂而过的几次姻缘，几乎该聊的都聊到了，唯独没有谈到我们两个人同桌时的那段微妙朦胧的时光。这么多年走南闯北、经过风雨见过世面的我，在她眼里大概已经是成熟了，显然不再是当年那个有点儿幼稚可笑的同桌大男孩了。

在贵阳期间，我几乎一点也没有发现晓玲有什么病状。她告诉我，8月份她还要去美国访问一次。

天知道，在我们这次分手后的几个月里，竟发生了所有人做梦都想不到的事情：谭晓玲已经身患绝症，死神正在向她步步逼近，此时此刻，距离她告别这个她热爱的世界，只剩下四个多月的时间了。

8月中旬的一天，我在美国接到晓玲发来的一个手机短信：“大伟，我最近体检时发现身体出了问题，已来到北京住院治疗。美国之行只好取消了。你回国时，我们能在北京见一面。晓玲。”看到这条手机短信，我的直觉告诉我，实际情况可能不像她短信中讲得这么轻松。我随后给在国内的同学打电话询问，他（她）们都说不知道谭晓玲患病的事情。几天后，我终于按捺不住，从美国拨通了她在贵阳的手机，是她丈夫接的。电话里，她先生说，晓玲现在北大医院，一小时前刚刚被推进手术室。已经确诊是癌症中晚期。

10月中旬，我在工作旅行经过成都时，得知晓玲病情恶化的坏消息。当时，我马上要去日本开会，我当即决定，和同事们告假两天，我先飞去贵阳看望晓玲。

在贵州医学院的病房里，晓玲躺在病床上。病状晚期引起的剧烈咳嗽是痛苦难忍的。但她从来没有在来探望的人面前流露出一点悲伤。看到我赶来了，她只是抱怨自己的家人，不要再让远方的同学赶来看她。

她丈夫给我看了最新拍摄的X光片，看到癌细胞已经在体内四处蔓延。医院已经告诉家属，可以去寻找民间中医偏方。这种说法其实就等于宣布，西医治疗方案已经技穷。她丈夫告诉我，医生说，照目前的情况看，她的生命估计还能维持1个月左右。

看着躺在病床上的晓玲，我的思绪走得很远，我想到，她曾是我们在大学时学习努力、工作负责的班长，想到她在工作单位是个廉洁奉公、刻苦敬业的清官，想到她在自己家里是个可爱的慈母和贤妻。还想到，我们26年前曾经是共享同一张书桌的同学。

我对她丈夫说：“如果你不介意，我想和晓玲单独讲几句话。我想和她一起回顾一下我们当年在大学同桌时的往事”。她丈夫说：“当然可以，她剩下的时间不多了，有让她心情愉快的事情就赶快和她说。”

在病床前，我对晓玲说："我想跟你说几句话。知道你现在身体很弱，为了避免你咳嗽太厉害，你听到我的话后，点头或摇头就行了，好吗？"

晓玲看着我，轻轻地点头。

"你还记得，在大学一年级刚开学的时候，我们两人曾经是同桌吗？"

她轻轻地点头，表示还记得。

"我再问一句，你有没有感觉到，我当时喜欢过你？"

她轻轻地点头，脸上出现了淡红色，露出了笑容。

"那么，我再问你最后一问题，这个问题你可以回答，也可以不回答。"

她尽管重病卧床，但头脑十分清醒。大概她知道我要问什么问题，轻轻点头后，脸上留着笑意。

"假如，当然，只是假如，如果是我比你大三岁，而不是你比我大三岁，你觉得我们会怎么样？"

她又笑了，吃力但是很清晰地说了一句："那咱们俩就成了。"

事后，我向她丈夫"如实交代"了我和晓玲刚才的全部谈话内容。最后，我和他半开玩笑："如果我和谭晓玲真成了，那就没你什么事儿了！"

从她丈夫那里，我获知，尽管晓玲身居副厅级官位，但丈夫却因企业调整下岗了十多年。她丈夫也是学光学仪器专业的工科大学毕业生。在当今社会，要凭她的地位给自己的夫君谋个工作，并非难事。可多年来，一家三口一直是靠她一个人的工资收入生活，包括近年供养女儿读大学。但这些年里，她坦然地生活、工作、交际，粗茶淡饭、衣着朴实、乐观豁达，乐意助人，不慕虚荣。她的爱好除了读书、写文章，便是陪丈夫散步，与女儿聊天，心满意足、安之若素。谭晓玲的律己、廉洁、奉公，在今天这个很多人已经不再相信字典里还有"清官"二字的时代里，显得多么稀有和可贵。

晓玲最后是 11 月 20 日去世的。开追悼会那天，我在美国。我们班里的刘荣军和江山从北京赶去贵阳参加了追悼会。他们发手机短信告诉我他们在花圈上精心编写的挽联。据说，刘荣军在追悼会上像个孩子一样失声痛哭。我后来在北京收到了王海平女士（晓玲丈夫的妹妹，也是我们的校友）写的悼词，看后也不禁潸然泪下。

海平的悼词里说，晓玲生前说过，自己退休后的理想，就是与丈夫到农村做乡村教师，既能享受心境的安宁，又能帮助贫苦的孩子。如今她已经英年早逝，这个理想已成绝响。但余音荡漾之中，人们却能看到她淡泊致远的人生境界。

晓玲去世后，我们五班同学很长一段时间里没有再举办聚会。也许，不少同学内心里总有一种难以言喻的忧伤：当大家再聚集一堂时，马上就会发现，从今以后，全班同学的聚会上，晓玲再也来不了了。在大家的印象里，她一直还在扮演着这个班的班长的角色。聚会开始时，她会讲一段开场白。聚会结束时，她会把同学们都送走后，然后自己再离开。谁会想到，就是这样一个温婉秀美、品学兼优的女子，就在我们上次同学聚会后半年的时间里，竟已化作一缕青烟飘然而逝，再也不在人间，如何不让人扼腕叹息！

晓玲去世的时候，她的女儿还在北京读大学。我想，这个孩子的未来生活，大概是她临终前最放心不下的心事了。每当看到这个瘦弱的过早失去母亲的孩子，我心里总是有几分爱怜和酸楚。不管工作多忙，我们几位经常在北京的同班同学还是常常把晓玲的女儿找到我们大家身边，一起关心她的学业、生活，尽我们的努力给她一些温暖和帮助。我们想默默地告诉晓玲，你的女儿，我们会替你照料的，你一路走好！我们的心与你同在，在通往天国的路上，你不会太孤单！永远不会。

（注：晓玲的女儿去年研究生毕业，现在已经成为北京市的一名公务员）

梦里花落忆潘君

杨立新*

一

2009年元旦之夜，亦即2010年1月2日凌晨，梦中见到潘君，还是那样潇洒，还是那样精干，在秋季的落花中款款而来，竟像仍在高检院与她一起工作之中。醒来看看表，时间刚好是潘君两年前离开的那个时刻。我不禁惊讶，怎么会这样巧？

在其后的一个时间里，我和潘君的闺密晓青律师见面，谈起此事。她说，你是不是有什么事情要为她做还没有做呢？我想一想后提起我在离开高检院时厅里举行告别座谈会上的一件事情。那天的会议是潘君主持的，我说了一些感想后，同事问我以后在人民大学还要做些什么事情。我说，如果有闲，我会写一些散文，记载一下我所熟悉的人和事。潘君问我会不会写她，我说可能会。她问，你会把我写成什么样子呢？很期待啊。我说那可不一定啊！她说，可不要写得太差了吧？我说，就按照样板戏的写法，高大全，行吗？她说，那可不行，我可不喜欢高大全，我喜欢真实！我说完这件事后问晓青，是不是对她承诺的文债未偿，索债来了？晓青说，有可能，你抓紧给她写一篇文章吧，让她了了这份心愿，可一定要在明年她的忌日之前写完啊。我答应了。

今年一年都在忙着《侵权责任法》的事情，人也累病了，真的没有时间写这篇文章。可巧，也就是前日晚，我又梦见潘君，仍然是原来的样子，还是那么精干，还是那么潇洒。一惊，我醒了，原来潘君向我索文债的心

---

* 作者为中国人民大学法学院教授。

愿如此强烈！我又把此事告诉晓青，她说，你快写吧，一定要早点写完。

我上网查了一下，关于潘君的消息有一些。其中关于她去世的消息极为简短，是人民网的消息："最高人民检察院民事行政检察厅副厅长、中国行政法学会副会长潘君，日前因患抑郁症在北京自杀身亡，昨天举行了小范围的遗体告别仪式。""潘君长期在最高人民检察院从事民事行政检察工作，仕途看好。此外，潘君上个世纪80年代即已获得法学硕士学位，法学理论修养与学术造诣颇深，同时担任中国行政法学会副会长，系其中唯一的检察界副会长。昨天参加其遗体告别仪式的最高人民检察院数位高层领导、中国行政法学界的多位知名专家、学者及生前友好，对潘君辞世深感惋惜。""深感惋惜"这样的评价，对潘君而言并不全面、客观，也无法表达我们心中的哀悼。我大概与"知名专家、学者及生前友好"都沾边，只可惜既不是高检院的高层领导，也不是行政法学界人士，但确实与潘君关系密切，不然她不会向我索文债。即使不是偿还文债，在潘君三年祭日之前写写潘君，也是应该的。

二

1994年12月，我正式到最高人民检察院民事行政检察厅任职。那时候，潘君是民厅的业务处副处长，但在家休产假，没有上班，因此并没有见到她，只是听同事说这位漂亮的副处长是较早来到高检院的法学硕士。

在我被正式任命为业务处处长的时候，潘君上班了。产后的潘君微胖、白皙，是典型的南方女子，但精干、潇洒，每天按时上班，按时下班，处理案件干净利索。作为我的助手，我感到满意，一个机关的女同志，能做到这样也就不错了，我对她并没有太高的要求。

一件事情改变了我对她的印象。那时我是厅长助理，由于民行厅既没有厅长也没有副厅长，因此我主持全厅工作。当时，民行厅人少、力单，业务开展得并不好，在社会上影响不大，我作为负责人，心里很着急，想尽办法提高全国民事行政检察干部的业务素质，推动民事行政检察监督能够尽快发展，因此，开了很多会。那时候，潘君还在哺乳期，很难离开家去外地开会。但是，在黑龙江佳木斯市召开的一次会议很重要，她说她是业务处副处长，应当参加这次业务会议。我说，如果能去当然更好，可以晚一天去。我到佳木斯后，天气奇冷，还下起漫天大雪，整个北方都在下雪。我打电话给潘君，说你可以不来了，天气太坏。她说，她已经到哈尔滨了，延误在飞机场，但是应当能够赶到。晚上，她告诉我已经在哈尔滨去佳木斯的火车上了，保证能够按时参加会议。我问，孩子怎么办呢？她说，已经将她的母亲“空运”到北京，把孩子交给外婆了。我心里很感叹。第二天早上，就在我要宣布开会的时候，进到会场一个满身霜花、裹着大衣的人，正是潘君！她在飞机场窝了将近十个小时，又在晚上的火车硬座上坐了一夜。我们都劝她先去休息一下再来开会，她说不用，现在就参加会议。

开会期间，我在别人发言的时候偷偷观察她，虽有疲惫，但精神很足，不仅自己积极发言，而且在别人发言的时候认真听，不时参加讨论，在会上发挥了一个业务处领导的重要作用。我很感叹：有这样的副手，身上有一股不要命的劲儿，能够把家里的事情放得很开，又能够把工作处理得很好，我的工作好做得多。因此，心中由衷地对她有了一个新的看法。

会议结束后，还有一件事情。到了哈尔滨，省检察院和省法院同事相聚，席中检、法干部之间拼起酒来。说起来检察院和法院的关系比较微妙，拼酒当然不能相让。而且我离开高检院，也与这个微妙的关系分不开，我是一个老法官，到检察院之后天天监督原来的同事和朋友，总是不够顺当。那时候我还能够喝几杯，在拼酒中，潘君左右周旋，协调矛盾，处理得很好，尽管也喝得脸色红润，但无失态。拼酒取得成效，既没有在酒风酒德上落败，又增加了法检之间的感情。我感叹，自己的这位女副手还真是一个能文能武的战将。此后，我对潘君极为信任。

三

后来，我任副厅长，主持工作，潘君接任业务处处长。由于厅里再无其他正处级领导，因此，潘君实际上就是厅里主管业务工作的负责人。无论我到哪里出差，厅里工作就交给她处理，她总能把工作安排得井井有条，让我可以放心地去各地调查研究，开展业务指导工作。

当时的全国民事行政检察工作并没有形成气候，人员不多，素质不高，每年抗诉的案件只有千余件，有些还存在质量问题。面对这样的情况，我做出规划，抓先进、带后进，促进工作全面发展。同时，高检院民行厅要做出表率，抓好业务工作。为了提高全国民事行政检察干部的业务水平和办案能力，我们确定了三项重点工作：一是重点抓好干部的业务培训，每年再困难，也都要举办一期业务培训班。二是重点抓好每年的案件检查，确定一个省的民行检察部门作为检查对象，我们派出一个由高检院的业务专家和各地抽调的业务骨干组成的查案小组，全面评查该省已经提出抗诉的案件，对于抗诉正确的案件，总结经验，抗诉不正确的案件，除了总结教训，还要向法院要求撤回抗诉。用这样的方法，不仅保证了案件质量，警示各地严把抗诉案件的质量关，而且也培养、训练了业务骨干。我在原来的中级法院就是用这种办法检查监督案件的。三是重点进行民事行政检察业务论文评比，每个省都要报送民事行政检察干部写作的论文，评优奖励，把业务干部引导到注意研究法律、总结经验上面来，促进干部业务素质提高。对这些工作思路，潘君极为赞成，曾经在背后夸我“老杨总是有办法”，然后就全身心地投入工作，展现了一个精干、潇洒的女业务领导干部的风姿。只要把事情说清楚了，她经常说：“老杨，你甭管了！”其他的事情她就带领大家全都做好了，发挥了重要的助手作用，给了我很大的支持和帮助。

潘君抓业务有一种狠劲，要求自己严，要求别人也严。有一年在西安办业务培训班，潘君组织实施，她就说了一句：“老杨，你甭管了。”我真的就不管了，一切都由她处理。在轮到我上课的时候，才发现 400 多位各级检察院的民事行政检察干部挤在一个黑压压的会议室里，每个人的空间都很狭窄；上课时间每天八个小时，一分钟不能少；吃饭因为是军队的招待所，大锅饭菜，军事化；邀请的都是民法、商法、行政法以及诉讼法学界的顶级专家授课，师资绝对一流。我说她，不能太狠了吧？就这样的条件，让老师每天讲八个小时，让学员每天听八个小时，能行吗？她说，能行啊！民事行政检察干部业务素质是制约民事行政检察工作发展的关键环节，只有这个环节跟上了，工作才能够全面发展起来，因此，要有狠劲才行。我跟参加培训的学员谈，他们都十分欢迎，说潘君理解他们的心情，也喜欢她的严格管理和严格要求，每天八个小时上课，少一分钟都觉得可惜。我在讲课的时候，尽管一天讲八个小时很累，但是看到参加培训的学员个个精力集中，听课非常认真。不久前我在昆明给民行检察干部培训班授课，条件比那时候好多了，但听课的人明显不如那时候的精力充沛，我就给他们讲起了西安培训班的故事，希望他们能够发扬这种西安精神。

第一次评选全国民事行政检察业务优秀论文，征集了100多篇。潘君带领一个评审组，集中在河南的一个山沟里，一篇一篇进行审阅，非常认真。提出初步意见之后，她将评审组提出的意见一一说明，最后做出了评审决定，召开会议，进行表彰。这个举措在全国检察机关引起反响。潘君在评审期间，不准干部在山沟里游山玩水，直到全部评审完毕，我到了之后，才在出发之前，在那个后来很有名的山里转了半天，算是见识了当地的秀丽山川。

在工作中，潘君经常提醒我要抓廉政建设。她说，我们是监督别人的，如果我们的干部在这方面不过硬，还怎么监督？我很理解她，同时我也告诉她，我们要注意这个事情，但在没有证据之前，还是要相信干部，不要搞得草木皆兵。不过有一点，我是绝对相信潘君，她在这个问题上是绝对干净的，是位一尘不染的好干部，她不会出现任何不廉洁的问题。我有这个把握。

四

潘君是一位才女。她在安徽大学法律系本科毕业后，继续读民商法专业硕士研究生，1988年毕业后，到最高人民检察院任职，当时是全国高级检察官培训中心的筹备组成员。到延庆县人民检察院工作锻炼后，被正在建立之中的民事行政检察厅领导相中，调入任书记员，1993年任助理检察员，在我到高检院之前也就是1994年6月任业务处副处长。当时，她在业务上虽然还不能说已经达到了一个相当的程度，但在那时候的民事行政检察干部中确实是一个佼佼者。在讨论案件、制定规范、培训干部等方面，她都发挥了重要的骨干作用。她曾经问我在业务上应当如何提高发展，我说：在法检工作，没有专业是肯定不行的，只有高素质，才能够站稳脚跟，快速提高。在民法研究方面，你肯定无法超越我的程度，我希望你能够在行政法方面努力，成为一个检察机关研究行政法的权威，成为行政检察业务的权威，或者最好能够成为全国行政法研究的知名专家。她完全赞同我的意见，开始认真研究行政法的理论和行政检察实践，专业水平迅速提高。离开高检院之后，我辞去了中国法学会行政法学研究会副会长的职务，向学会推荐了她。后来，学会选举她为副会长，在学界很有影响。

1999年初，我被任命为民事行政检察厅厅长，领导让我选择一位副手。当时可以考虑的人选确实还有几个，但我反复斟酌，还是向院里推荐了潘君。从各方面进行比较，我总觉得还是潘君更有潜力，更有发展的空间，同时我也有一个私心，就是潘君做事很让人放心，能够帮我做更多的管理事务。在4月份的时候，潘君被任命为副厅长。后来又有唐宝森调来任副厅长。那时候，我们三个情投意合，相互分工，相互配合，工作开展得有声有色。直至今天，我和其他同事仍然怀念那时候的民行厅工作，怀念那时候厅里的人事关系和工作氛围。在这里，潘君起到的作用举足轻重。

潘君也算得上是一位美女，在高检院并不逊于其他女检察官。有一次，我在一本书上看到，安徽人讲一个人长得好，通常说“水色好”、“很格式”。后来我向潘君求证。她说，合肥人确实这样说，水色好是说皮肤的颜色好，很格式是说长得漂亮，但是不能用普通话说，而是要用合肥话说。她就用合肥话说了一遍，果然有些味道，不是我用东北话说的意思。其实，潘君这位安徽女子就是可以用这样的语言来形容的。

潘君也是一位能持家的女性。在机关里，潘君很少展现女性特征的一面，总是工作。有一次，她邀请我们这些同事到她家吃饭。那时她的儿子天天还小，在照顾孩子的同时，她还给我们做了很丰盛的饭菜，每一个菜都很可口，有些徽菜的特点。在品评佳肴的同时，有的同志向潘君建议，能够更温柔，更多地展现女性的魅力，让大家更喜欢她。她说，女人都是有温柔的，但那是不能随便给任何人的。

五

自从2001年年初离开高检院之后，我跟潘君的接触就很少了。但他们经常念叨我，经常给我打电话。听说有时候潘君在工作中有些小的坎坷，也很替她担心。有一次在人民大会堂开会，我见到她，我跟她说，适当宽容一些、适当放松一些，别总跟自己较劲。她说，老杨，有些事情你不懂，不是我较劲。当然我也无法再劝。

后来，她去北京市宣武区政府挂职任副区长，她给我打过好几次电话，说她在挂职中的体会。她自从毕业就一直待在高检院，搞业务工作，对地方行政工作可以说是一无所知。她到了政府工作之后，才发现社会的复杂。她跟我说："老杨，过去我们都想得过于简单，事情并不像我们想的那样。"她跟我说出这样的话，大概就是比较成熟了。

我跟潘君的最后一面，是2006年年底。那天是四川省检察院民行处处长来北京汇报案件，好像还有泸州市检的处长，好几个人。潘君就要回高检院了，她"借职务之便"，在北京宣武区的湖广会馆设宴，招待这几位客人。正好那几天我有点空闲，也去参加了宴请。吃饭前，她陪着我参观了湖广会馆，还说过几天请几位好友，到宣武区的几处名胜古迹好好看看，也算是利用职权之便。我说好。吃完饭她把别人送走后，专门打个车要送我回家。我说我们不是一条路，还是我自己打车回去好。她不听，执意送我。在路上，她跟我说了很多见闻、体会，我听她所说，看到她对各种事务的看法，都不是几年前的样子，都有自己独到的见解。我一边跟她聊，一边赞赏她，真的是士别三日当刮目相看啊！我下车后，她坚持要下车，然后紧紧握着我的手，说再见。可是，我哪里知道，这是真的在告别啊！那时候，我在心里默默地祝福她，希望她能够好好把握，会有一个非常好的前途的。

过了一两天，她打电话约我去宣武区名胜观赏。我那些天事情很多，就没有去成。后来，人大法工委民法室的姚红主任等几位跟她去了，把宣武区若干精致的名胜古迹考察了一遍，据说非常棒，个个都赞不绝口。我说我没有福气，但是也不知道那是最后一次跟潘君在一起了。如果知道会有后来发生的事情，我无论如何也要去！写作和会议难道就那么重要吗？我有时候想起这件事就会谴责自己。

那是我与潘君的最后一面，每每出现在我的面前，都让我无比难过，让我不断地怀念跟我共同工作七年，帮我做了无数事情的美女同事。呜呼！再也不能见到了。

六

2007年1月2日晨，我收到手机噩耗：潘君不幸逝世！我不相信这个消息，一个活生生的人，怎么就突然走掉呢？不是太不负责任了吗？我几次追问，这是真的吗？回答是，这确实是真的！哀哉！悲从心来，不胜痛苦。

1月8日清晨，天气很冷。天空很蓝，白云数朵，很像寄托哀思的白花。我赶到八宝山灵堂，跟高检院来的各位朋友和领导一起，含泪张罗葬礼事宜。晓青律师从安徽赶来，正在指挥几位同学给潘君摆设花圈、鲜花、挽幛等祭奠物品，看到我后，痛哭失声，声声哭悼密友。我压抑着自己的悲哀，安慰着和潘君一起长大的闺密，仿佛看到了潘君。

告别仪式中，我走过潘君身边，看到她的面容还是那么白皙，好像还是那么潇洒和精干，并没有遭受重大痛苦的痕迹，倒有一些感到安慰。或许她的选择对她来说是对的呢！离开灵堂，想象着美丽的潘君在落花中化作一缕袅袅的青烟，慢慢地升上天空，与白云融化在一起，挂在蓝天之上，涂成了一幅美丽的画。或许，那就是她自己四十几年的纯洁的追求！

七

有一次晓青跟我说，潘君在去世前，把一些事情都处理得很好。我知道潘君有一封简短的遗书。晓青说，遗书中明确说自己是因疾病烦恼，并非他因。这样就给家人、朋友一个交代，也减省去很多不必要的麻烦。我想，这和潘君的一贯作风相同，她总是不愿意给别人增加麻烦。

在本文快要写完的时候，晓青律师来电，又说起此事，她慨叹，看来梦境竟有如此灵验。我说我的文章快要写完了，她说一定要写完后就发给她看。我答应了，一会儿修改好，就把文章发给潘君的这位闺密。我们都是潘君的生前友好，并且是关系密切的生前友好，让我们一起怀念潘君。

中国的逆式发明

张成敏 *

昨晚睡前我翻《人类的愚蠢历史》，差一点愚蠢得没有睡着觉。

愚蠢史曰："一种自动理发机，使用完毕之后还有自动头皮按摩机，它需要使用者头朝地倒立在机器里面。"又曰："外形像裸体的女人一样的鱼饵，设想是用于引诱鲨鱼。"再曰："附在墨镜上的假鬓发，戴上去显得有点像猫王。"呵呵，真是很伟大，这三个发明使我想到了三个意象：颠倒、悖谬、自欺……但似乎它们是一个体系。我就为这个有点睡不着——我极有可能在2012年6月26日之前为法学和我国的社会科学创造一个有韵味的学术术语。还好，我把书一放下就想到了这个词组：中国的逆式发明。

为了介绍这一发明体系，请读者容许我模仿魏巍的《谁是最可爱的人》写几句真实的感情：

> 在轮子上的每一天，我都被一些东西感动着；我的思想感情的潮水，在放纵奔流着；我想把一切东西都告诉给我法学界的朋友们。但我最急于告诉你们的，是我思想感情的一段重要经历，这就是：我越来越深刻地感觉到谁是我们最可爱的人！

谁是我们最可爱的人呢？

我认为尼尔斯·博林（Nils Bohlin）是其一。1959年他发明了三点式安全带，随后沃尔沃（VOLVO）将这项专利向全球汽车生产商无偿开放。至2009年，博林的发明拯救了超过100万人的生命。这是汽车史上的至伟贡献。

---

* 作者为苏州大学王健法学院教授。

这也最终成就了沃尔沃车标的完美，以前它只能表达：（1）滚滚向前，“VOLVO”是滚动的意思；（2）“♂”男人，也许是维京人吧，具有原始粗犷力；（3）“♂”现代钢铁机器，这个符号还是铁元素的古老表达；（4）战神气度，“♂”是玛尔斯的符号。沃尔沃那两条斜向金属带是用来固定徽标的，本来没有意义，但博林发明以后，它们被解释为安全带，进而引申为安全。安全是沃尔沃品牌的生命……而且，它竟然是我们的了——中国对其轿车集团全额控股。

熟悉这些意思的人，能听懂 I Adore You 的歌词：

迷失在蓝色的白日梦里
我感觉如此的自由
于是我仿佛从天而降
你是我眼里的一切
你应该知道我的存在
……

接着我要赞扬比控股沃尔沃更为气度非凡的聪慧型中国人，他们以逆式发明打败了博林，汽车安全带近乎完败。请看：

百度图片搜索“安全带插扣”，找到相关图片约 5,300 张。

用拼音表达我的心情，打出了两个选项：（1）LLMM 泪流满面，（2）LLMM 琳琅满目，我不知道用哪个好。

Google 图片搜索“安全带插扣”，图片链接有 879,000 条。

soso 搜索“安全带插扣”，网页链接有 1,330,000 项。

所有这些发明都符合法理学一直倡导的精神理念——自由。博林这个专制主义者妄想用一条带子就把我们缚在座位上，中国人决不答应，我们只用一块小插片就使其发明灰飞烟灭。唯一遗憾的是，它们没有在 1959 年及时跟进，不然，中国可以为自己和全世界增加 100 万次哭丧业机会。2011 年，这项专利成为首届北京国际设计三年展“中国东西”展览的一部分，今年 2-5 月它们还在德国光荣展出，对它的评语是：

“按照全球汽车安全标准，一旦司机忘记系上安全带，汽车就会发出刺耳的蜂鸣声进行提醒。不愿意被‘束缚’的中国人于是要起小聪明，弄了安全带插扣，一扣永逸。网上可以搜出几万种插扣。看到这些，估计三点式安全带之父尼尔斯·博林一定哭笑不得。想不通为什么有人押上行车安全的代价还沾沾自喜。”

对此，欧洲达人孟德斯鸠十分得意，因为他很早以前就推荐过这种沾沾自喜：“中国人的贪利之心是不可想象的，但法律并没想去加以限制。一切用暴行获得的东西都是禁止的，一切用术数或狡诈取得的东西都是许可的。因此，让我们不要把中国的道德和欧洲的道德相比较吧！在中国，每一个人都要注意什么对自己有利。如果骗子经常关心着自己的利益的话，那么，容易受骗的人也就应该注意自己的利益了。在拉栖代孟，偷窃是准许的；在中国，欺骗是准许的。”而后，一个被中国极其崇拜的德国犹太人说：“（他们）习惯于靠无知来保证不受物的侵犯、世界的侵犯。”这个叫马克思的人比孟德斯鸠略高一筹，他指出了中国人的欺骗本质是自欺。

颠倒、悖谬、自欺，三位一体的中国逆式发明，比其他民族更精致的创意在于“轻巧自欺”，也就是，容易且巧妙。

极端者如辜鸿铭，用一根辫子抵消了他的十多个西方博士学位（赠送的），北大学生嘲笑他的小辫，他轻巧地回赠以“我头上的辫子是有形的，你们心中的辫子却是无形的”讽刺。但他的人生本质不过如此，以其西方教育的智慧博得西方人之一笑和一赞（还获得诺贝尔文学奖提名），就像一只猩猩回到丛林向其同胞掀起屁股后面的一片布，同胞们惊讶地拜服，然后它又向那个文明社会掀起前面的一片，震掉达尔文的眼镜，滑稽至极。在此我要特别打击一下网络弥漫的辜鸿铭崇拜之气：第一，辜鸿铭最多只拿到了爱丁堡大学硕士，其他的吹嘘就要成J2了（方鸿渐、唐骏）……第二，为了吹捧这个老家伙，有人引用李大钊的话，“愚以为中国二千五百余年文化所钟出一辜鸿铭先生，已足以扬眉吐气于二十世纪之世界”，我差点认为张作霖砍掉他那颗头是对的，但接着翻了李大钊先生的《东西文明根本之异点》，原来是挖苦啊。第三，有人说辜鸿铭辩才极好，描述到：

“伊藤早知道辜氏是中国保守派中的先锋，便乘机调侃他：‘听说你精通西洋学术，难道还不清楚孔子之教能行于两千多年前，却不能行于二十世纪的今天吗？’辜鸿铭见招拆招，回答道：‘孔子教人的方法，就好比数学家的加减乘除，在数千年前，其法是三三得九，如今二十世纪，其法仍然是三三得九，并不会三三得八。’伊藤竟一时语塞。”伊藤语塞是被辩倒，还是被雷倒无语呢？这老家伙好像不知道中国人被日本罚银元 2.6 亿也有他的份（这个辩才表演是在甲午之后），国人如此欣赏“雷倒”，表明某些中国人毫无羞耻感。所谓饱学之士岂如日本没有出国留学的福泽，前者把自己变成猪，后者把中国人变成支那狗。可怜啊。

当代中国法学的逆式发明要比辜鸿铭更轻巧。

为了证明这一点，我曾研究过我国刑诉法第十二条的逆式发明技巧，此例堪称世界立法史上的经典：

1789 年《法国人权宣言》第 9 条：“任何人在其未被宣告为犯罪以前应被推定为无罪……”

→ 1948 年《世界人权宣言》第 11 条（1）：凡受刑事控告者，在未经获得辩护上所需的一切保证的公开审判而依法证实有罪以前，有权被视为无罪。

↓

明确的积极“推定”暧昧化为消极的“不认为”推定

↓

1947 年《意大利共和国宪法》第 27 条：“被告在最终定罪以前，不得被认为有罪。”
注意：这一条文的意思注脚不必然是贝卡里亚的“犯罪或者是肯定的，或者是不肯定的”，不肯定者就是无辜者。它还有另外一个意大利式注脚：不认为有罪不等于宣告无罪。恩里科·菲利说：“我们认为恢复罗马人以‘案情不清’形式所承认的‘证据不足’的裁决作为‘无罪’和‘有罪’裁决的替代形式更为合理……如果证据不足，他唯一的权利是不被定罪，因为他的有罪尚未被证明。但是，当嫌疑还存在的时候，社会并没有义务宣告他绝对无罪。”（恩里科·菲利：《犯罪社会学》）

↓

“不认为”的消极推定暧昧化为 right 和 power 的两可条文

↓

1958 年《苏联和各加盟共和国刑事诉讼法纲要》第 7 条：“非经法院判决，任何人不能被认定为犯罪人受到刑罚。”
1961 年《苏俄刑事诉讼法》第 13 条和 1977 年苏联宪法第 160 条相同。
注意：由于特定司法语境的原因，这是相当含混的。当今俄罗斯宪法和刑诉法已对此做了最严格的澄清，宪法用了三款表述，刑诉法用了四款表述 + 四个辅助条文界定了无罪推定。而《俄罗斯联邦刑事诉讼法典》第 8 条的两款分别表述不允许做任何混淆的解释：（1）在俄罗斯联邦，刑事案件的审判只能由法院进行。（power）（2）除非根据法院的刑事判决并依照本法典规定的程序，任何人不得被认为有罪和被判处刑罚。（right）

↓

在中国，本来能做两可解释的条文被单解为 power

↓

“未经人民法院依法判决，对任何人都不得确定有罪。”
此表述可以解释为无罪推定，但是流行的解释却是“法院统一定罪权”。
注意：这是一个明目张胆的歪曲，因为此条文修改之意图归于 1996 年人大法工委《关于〈中华人民共和国刑事诉讼法修正案（草案）〉的说明》的第二条，“进一步保障诉讼参与人的权利”，性质是 right，不是 power。

这种篡改及至否定国际人权公约所载之普遍权利的发明技巧，竟然可以成为通说，它似乎可以当然不受刑诉法界的认真批评（这种“认真批评”从来没有普遍存在）。时势改变之后，2012年第二次修正刑诉法时，第十二条居然原封不动……我看到了与此问题有关系的学者表达了很深的遗憾，但是我没有发现他有反省和自责。

我并非要深究个人，我只是由此领悟到其身不由己的原因——逆式发明早已成为我国法律思维的习惯：

民国的陪审制极像西式陪审，但它的安全带插扣是“陪审员须是国民党党员”；河南的非法陪审团几乎变成了“引诱鲨鱼的外形像裸女人的鱼饵”，某个鼓吹“司法民主”的学者闻腥而舞只是为那个裸女挂了一片3厘米的布条——因为他不想大家知道那是个人妖；至于我国目前的陪审员，那差不多就是给法院配了一副有猫王假鬓发的时髦眼镜。

中国的两审终审制忠实地模仿着西方程式，但下级法院可以给上级法院打小报告，这很像那个“头朝地倒立使用的按摩机”发明：某省高级人民法院院长一方面大张旗鼓地强化小报告程序，一方面又“郑重其事”地向全国人大递交了“三审制”提案，其专利说明称，三审制“可以避免对公正司法的干扰”。

有两位老教授引领着刑事诉讼学界向西方的沉默权“靠拢”，二老精明地提出，最好的方案叫“默示沉默权”——有权利你也别喊出来啊，小心坏人听见，还有那些严重的刑事案件得送给它们一片“安全带插扣”。

十多年前法工委的先生说：“我们坚决反对有罪推定，但也不是西方国家那种无罪推定，而是以客观事实为根据。”他这是把“安全带插扣”插到肚脐眼里了——逻辑悖谬会致命的。

法工委盛产这种“超逻辑专家”，前赴后继，正在全国巡讲的一位先生说，刑事诉讼法的“应当如实回答”，是指“它要求犯罪嫌疑人如果你要回答问题的话，你就应当如实回答”。如果犯罪嫌疑人选择了拒绝回答，则享有不被强迫的权利——超级逻辑、超级幽默。

2011年最高院的Sir给出的一段醉驾出罪评论，媒体转述不足百字，便轻巧杀死了“刑事推定”这个概念，进而杀死了法律解释的“黄金规则”。不少学者为此辩护，情形就像是，Sir拔掉了博林的三点式安全带，而学者为那个“安全带插扣”之精美而啧啧赞叹。

2003年一位博士在叙述普林斯案时已经触碰到了奸淫幼女之不可抗辩推定，并且已经明知英国法官以15比1否定了“不明知”的抗辩，他却轻轻一转弯，说：“普林斯案的结论在今天是不适用的，至少在中国刑法中，奸淫幼女罪是可辩护的，以至最近的司法解释承认了对幼女年龄的误解也可以成为辩护理由。”为了一个中国特例，就说“普林斯案的结论在今天是不适用的”，既有师门之惑，却又精巧地欺师，因为他的导师是这样写的：“(一)美国、英国、加拿大、意大利等明确否定明知；(二)瑞士原则上主张明知，但还规定了限制条件；(三)德国、法国、日本、奥地利、韩国、泰国、印度、阿尔巴尼亚、罗马尼亚、西班牙、巴西、俄罗斯、中国等，未作明文规定。”——未作规定可以推论抗辩必须允许吗？博士和他的导师应当感到困惑，但是他们在有刑事责任年龄的男人与“无性同意能力”的幼女之间，心灵上选择了前者，其实这也是推定，其意为：幼女在“不明知”的侵犯下是没有保护价值的。他们轻巧的地方是用“以至”改一下论述语序，就把其支持论题“最近的司法解释……”变成了论证论据——这本质上是循环论证。

1858年，美国人史密斯制成了世界上第一台洗衣机，2006年我却听说河南“架着电线点油灯，用洗衣机装粮食”。类似的司法发明是，西方规定律师与被告人会见时警察应当站在看得见、听不见的地方，中国的规则是警察讯问时律师应当站在看得见、听不见的地方。

最后一个例子，东莞法官发明了“被害人有激烈反抗行为”的抗辩理由，一位刑法教授辩护说网友误会了法官，其实，最严重的误导被这位教授轻巧发明了，其谓“相比蓄谋杀人”云云，好像被告人的行为不是谋杀，谋杀这个概念是这样理解的吗？你可见过：一个小青年从公交车右边上车，脚踏了发动机盖，被司机批评一句，他立即下车，转到左边，一枪把司机给崩了，这是谋杀，而且在美国是一级谋杀。针对这位教授的轻巧发明，美国学者早就批驳：“我们可以比较一下下面两个案例：一个人冲动地将一个坐在桥上的小孩推进河里和一个成年人为减轻长期病重父亲的痛苦，在经过长时间的、慎重的考虑后将父亲杀死。根据现在的法律，如果‘事先预谋’真那么重要的话，那么前面那个冲动的杀人犯只构成二级谋杀，而这个帮助父亲实施安乐死的人将会被控为一级谋杀……大多数人都会反对这个结果。”（德雷斯勒：《美国刑法精解》）我想很多人都想反驳东莞法官和那位教授，可是无从有力下手……这正是本文的目的，我们都需要熟知“安全带插扣”逆式发明术，习惯之处必有轻巧发明，法学院的学生应当学习批判性思维。

逆式发明不是逆向发明，前者是对人类智慧发明的破坏，后者是对蕴涵于发明中的人类智慧的逆推领悟。但这并不等于说前者的智力水平总是比后者差，事实是有例外的：在我国，某些社会设计越重要则其逆式发明越先进，它们既包括逆向发明（从而了然其真正的关键技术），又包括逆式发明（从而阻止关键技术的功能发挥）。问题的要害不在智力水平高低，社会意义的关键在于，很高的智慧用于自欺，则民族的生长力和福运都被阻碍了。具体到法学学术和司法实践领域，我以为过去30多年积累了足够多的逆式发明成果，学术界应当系统梳理这些成果，对这些发明给予理性批判。逆式发明是与人类文明背道而驰的，逆式发明的宗旨是追求负价值，大型的逆式发明都有好听的名字，比起“可爱”、“好酷”、“很帅”，它们还有更时尚好看的标签，因而，如果法律工作者不能穿透欺骗语境之幕，是不可能成为清醒的法律人的。更微妙、更有意思的是某些学者或某些学科的主要贡献就是逆式发明，为此，我们除了礼貌性地尊重外，严肃地拔掉其“安全带插扣”，代之以博林三点式安全带的正确使用，是必须的，这是社会良知的要求。

陈年往事中的豁免权

李居迁 *

现代法律文明，强调的是法律面前人人平等，反对特权和豁免。当英国法官针对国王大声疾呼“汝非至高，法在汝上”（“Be you never so high, the law is above you”）之时，大清王朝律法依然明文规定不平等的“八议”，王子犯法与民同罪的说法，只能是一种中国式的平等梦想。

然而，在现代法律体制中，有一个领域的特权与豁免是广为各国接受的，即国家及其财产的特权与豁免。既然各国是主权平等的，那么，“平等者之间无管辖权”（par in parem non habet jurisdictionem）就成为题中应有之义，各国不能够主张对他国行使管辖权。当然，关于国家特权与豁免的范围，众说纷纭，形成二十世纪以降关于“绝对豁免”和“相对豁免”的理论之争。

对于国家及其财产的特权与豁免，民众一般不太关注，即使从事法律职业的人士，由于“术业有专攻”的缘故，也并非人人关注。我国在美国被诉的上世纪名案“湖广铁路债券案”，许多人闻所未闻。笔者曾给一些来自全国不同地方的律师授课，提问此案，大部分人摇头不知，个别知道者也是知之不详。近年中国在美国被诉的“绿坝案”，关注者亦是寥寥。我国签署了 2004 年联合国《国家及其财产管辖豁免公约》，虽然全国人大常委会尚未批准，但是，对国内立法问题的研究和讨论已日渐升温。

不仅国家及其财产具有豁免权，某些履行特定职能的个人也同样具有特权与豁免。外交和领事特权与豁免，使外交代表和领事官员能够免受当地国家行政、司法管辖。这些基于长期实践所形成的国际习惯，再经过历次公约的层层明晰，已经成为当代各国外交活动中的圭臬。虽然理论上关

---

* 作者为中国政法大学教授。

于外交和领事特权与豁免的依据，有基于代表国家、职务需要、治外法权等种种说法，但它们的法律地位却是明确和稳固的。1961 年《维也纳外交关系公约》和 1963 年《维也纳领事关系公约》的缔约国众多，表明了国际社会在这些规则上的广泛一致。荷兰外交官初到中国出使时，向康熙提出享有豁免权遭到大清皇帝断然拒绝的龃龉，已经成为东西方交集时的历史陈迹，掩于故纸堆中，乏人问津了。

其实，翻过页页陈旧的历史篇章不难发现，来自西方的这些规则，中国在一次次的外交活动中又用之于西方国家。尤其是，当这些规则交集到既是史学家、又是外交家的民国名人蒋廷黻身上时，更显得亦新、亦旧，有趣、无奈。

蒋廷黻年轻时便赴美留学，28 岁就获得哥伦比亚大学博士学位，并与同在美国留学的唐玉瑞女士喜结鸾俦。唐女士是考取清华学校留美的首批十名女生之一，在留学生中十分活跃，与蒋都参加了“中国留美学生华盛顿会议后援会”。蒋赴美留学时，坚决要求父亲解除了五岁时就定下的娃娃亲，反对父母包办婚姻，追寻自己的个人幸福。此时学业有成，双双归国，可谓踌躇满志、春风得意。

蒋廷黻在南开大学历史系任教六年时间，1929 年应清华大学校长罗家伦之邀，又到清华任教六年，主持历史系。1938 年在商务印书馆出版了《中国近代史大纲》，其史学家地位遂无可撼动。1936 年秋起任驻苏联大使一年多，1947 年起任中国常驻联合国代表，1961 年任驻美“大使”并兼任“安理会代表”，1965 年退休后旋病逝于纽约。外交生涯前后长达 20 年，外交家之称名副其实。

蒋廷黻的外交特权如何涉案？这与其婚姻问题密不可分。蒋在清华大学历史系期间，每周必有两项运动，其一是打网球，其二是打桥牌。这两项运动均来自西方，也是民国时期新派人物的标志性点缀。玩桥牌的朋友中，即有后来成为蒋廷黻第二位夫人的沈恩钦女士。其时，蒋已是“使君自有妇”，而沈也是“罗敷自有夫”。宴饮牌戏，日久生情。1944 年蒋任行政院善后救济总署（即“救总”）时，调沈氏夫妇麾下任职。1948 年蒋在美国托律师到墨西哥办了与唐玉瑞的离婚手续，与早已离婚的沈恩钦在康涅第格州结婚。

唐坚不离婚，并到美国法院就分居问题起诉蒋。纽约州最高法院 Pecora 法官在 1949 年 2 月 7 日关于“Nyok Zoe Dong Tsiang, Plaintiff, v. Tingfu F. Tsiang, Defendant”一案的判决中，认定蒋具有外交豁免权，不能传唤到庭，不能审理起诉问题。法庭指出：

首先，本案中，丈夫是中国派往联合国的使节，并且是中国的常驻代表。美国国务院向法庭表明，该丈夫享有豁免权，并且该豁免权保证其不受法庭对任何涉案问题的审查。1949 年 1 月 26 日，纽约南区法院联邦检察官（The United States Attorney）的豁免权意见中说到，美国国务院要求司法部长提醒法庭注意：本案被告具有豁免司法程序的特权，被告是中国的联合国全权大使和常驻代表，在美国被视为中国政府的常驻代表。

次之，根据联合国和美国关于驻联合国代表法律地位的协定，每一个派驻到联合国的主要常驻代表，其外交豁免权与派驻到美国的外交代表相同。此项协定已经包含在美国第 80 届国会第 357 号公法中。

再者，除了上述制定法的规定外，美国国内有一系列判例确认，大使的外交豁免权是基于国际礼让而享有的。

总而言之，由于蒋廷黻的身份，他在美国享有外交豁免权，这导致法庭既不能在程序上传唤他，也不能审查案件的实体法问题。

那么，这是否意味着享有外交豁免权的人就有了违法的特权？其实不然，因为外交豁免权与身份相关，外交代表的本国可以放弃该人的豁免权，从而使当地法律依然可以适用。1997 年格鲁吉亚公使在美国醉酒驾车肇事，导致一美国少女死亡。克林顿政府以取消承诺的 3000 万美元援助相要挟，要求格鲁吉亚放弃该人外交豁免权。格鲁吉亚权衡利弊，作出了放弃豁免的决定，结果该外交官在美被捕并获刑 21 年。

同样道理，在蒋夫人（唐玉瑞）诉蒋先生的这一案件中，前者曾要求法庭休庭，以便向当时中国外交部部长请求放弃后者的豁免权。但是，在法庭规定的时间内，蒋夫人并未获得该项弃权。法庭进一步指出，即使获得了弃权，该项弃权是否具有追溯效力仍然存疑——何况该项弃权并未获得！

所以，法庭在裁决书最后斩钉截铁地写道：“被告享有外交豁免权，鉴此，其撤销本案的请求必须予以支持。此判。”（The motion to vacate must be granted on the ground that defendant enjoyed diplomatic immunity at the time of service of process herein. Settle order.)

唐玉瑞不依不饶，当年3月24日将此事告到了联合国，要求人权委员会协助解决婚姻纠纷。联合国职责明确，不涉私事，爱莫能助。唐不仅到联合国指责蒋，还常常到蒋出席外交活动的场合提前等待，坐在第一排，随时准备发难。以至于蒋不得不每一次都请人将唐劝离，弄得焦头烂额，顾此失彼。

更为尴尬的是，蒋在联合国中还惨遭羞辱。关于中国新旧政府在联合国的代表资格问题，在当时成为国际社会关注的焦点，甚至于在西方流行的"剑桥书"《奥本海国际法》第八版中"政府承认"一节也专门提及。蒋多年留学美国，英语流利，但华语却免不了浓重的湖南腔，故常用英语发言。1950年11月，新中国政府代表在联合国会议上就"美国侵略台湾案"表明立场，对美国进行义正词严的批驳。蒋一直以手扶额，遮挡面部，十分尴尬。在联合国讨论所谓中国"侵略朝鲜案"时，蒋使用英语发言，指责大陆，回护美国。新中国代表伍修权立刻出言相讥：蒋廷黻只是国民党残余集团的所谓"代表"，根本无权代表中国人民，"我怀疑这个发言的人不是中国人，因为伟大的四万万七千五百万中国人民的语言他都不会讲"。

各国人民均以在公开场合讲自己的语言为荣，更何况中文是联合国的官方语言之一。1921年中学使用的白话文教材中，就选了法国作家都德的小说《最后一课》，其中关于本国语言最美的动情表白，震撼着每一个具有爱国心的读者。数十年的教育，影响深远。故此，这个小辫子揪得蒋十分狼狈。具有讽刺意味的是，伍修权的那段中文临时发言，由曾在英国受过教育的联合国大会同声翻译唐笙即席译出，准确顺畅，民族自豪感沛然，打动了会场不懂中文的听众。

陈年往事已经随风而散，风流总被风吹雨打去，数十年后有几人会注意到蒋廷黻的婚姻坎坷及其与国际法的关联？虽然，对于已成历史的历史学家蒋廷黻而言历史是不可假设的，但我仍不禁想到：如果没有了这样的婚姻悲剧，蒋氏怕不至于在70周岁时就撒手人寰吧？他所未完成的历史著作，许已经完成了吧？在国际外交舞台上多年驰骋的耆宿，可能不会遭到这么多来自于公私两方面的外交羞辱吧？

一个尴尬的年代，两段尴尬的婚姻，一个上了美国法庭却不可能有实质结果的糊涂案件，一个已经走入历史却难以盖棺定论的复杂人物。

这真是：尴尬人竟遇尴尬事，胡虏官迳判葫芦案。

日月穿梭，光阴荏苒。新中国政府恢复在联合国的席位是1971年，其时蒋廷黻已经作古六年有余，免了再次面对的尴尬和螳臂当车的无奈。

外交代表在外国享有豁免权，不受外国的法律约束，但是，这并不意味着不受本国的法律约束。毕竟，法律面前人人平等，是一项不证自明的现代法律原则，是要运行于司法实践中的无上利器。从这个意义上看，尊重法律精神、遵守法律规则，才是真正的豁免权——不违法律，故恒免于法网。

《清稗类钞》中的法律趣闻

姚宏科*

《清稗类钞》是清末民初学者徐珂编纂的关于清代掌故遗闻的笔记体著作，广搜博采、涉猎极广，读起来饶有趣味，尤其是其中关于法律问题的几则史料，跳出了官方正史的条条框框，摆脱了学术研究的刻板面孔，真实记录了清代司法过程中的一些逸闻、趣事，一定程度上反映了清代司法制度的真实一面。

叩阍

叩阍是一项司法救济制度。是说某人有了冤屈，如果向本省长官申诉后没有得到解决，可继续向中央相关部级机构进行申诉，如果冤屈仍然没有得到伸张，就剩下叩阍了。具体办法是有冤屈的人悄悄潜伏在路旁，苦苦地守候，等皇上出巡过来时，急忙双手高举状子，呼天抢地大声喊冤。皇上身边的卫士立即捉拿，将状子接过来呈给皇上，皇上就将案件批给刑部责成再审。这个人则被押送回原籍，一路上花费都由官府支付，类似于今天的接访。最后案件审结后，哪怕冤情得到昭雪，由于具有冲撞圣驾的情节，这些人照例还会被发配充军。从操作程序上看，叩阍确是一条告京状的捷径，但其成功的可能性实在太小太小。因为要提前伏卧路旁、巧遇皇上经过、喊冤立即被受理，这些条件必须同时具备并且要一环一环地扣成链条，哪一个环节断了都可能前功尽弃。特别是长时间潜伏在路旁，任日晒雨打寒煎暑熬，往往蓬头垢面、肮脏不堪，一般人根本吃不消这个苦。

* 作者为陕西省宝鸡市委政法委法律政策研究科科长。

于是就有人专门以此为职业，主家支付一定费用后会有人专门去替人“叩阍”。这些人大多是与苦主同籍的乞丐，如果事成，既可以得到讼家一大笔费用，又可被免费送回原籍，不花一分钱就能回到老家。虽然叩阍的人按照规定必须充军，但中途大多有机会逃脱。多方权衡后，显然利多于弊，所以这种工作在当时居然成为一个很受欢迎的好职业，有些人成为叩阍的专业人士，走上了职业化道路。

狱囚利久系得金

监狱是培养牢头狱霸的地方，自古皆然。牢头狱霸在监舍中不但具有极强的淫威，而且还可能据此聚敛到可观的财富，把坐牢变成一条生财之道。比如《清稗类钞》就记载了这样一件趣事：同治年间，山东省有一个姓张的人，曾在北京做生意，因一起杀人案件被判绞监候——绞刑但不立即执行，类似于今天的死缓。在监狱中因为关押得久成为狱霸，他与负责看管的狱卒狼狈为奸鱼肉犯人，聚敛到大量钱财，每年大约有将近一千两银子的收入。这些钱他转交给妻子，用于家庭日常开支，日子过得很是滋润。光绪年间，因一次大赦他被释放出狱，仔细一算，坐牢不到十年他居然积攒了好几千两银子。出狱后这个人万分懊悔，因为他发现在外面做什么事都没有在监狱里面当牢头那样舒服、安逸，做什么都没有当牢头的收入丰盈。他在外面呆了一年多，成天闷闷不乐、怅然若失。这时他突然听说街道中发生了一起命案，几个人合伙把一个人打死了，案件已经送入刑部。听说此事后，他高兴万分，立即花了一大笔钱，去贿赂刑部的办案人，悄悄把自己的名字加进从犯之中，如愿以偿地被关进监狱。凭借自己的老经验，他很快当上狱霸，再次有了稳定、丰沛的收入。后来光绪皇帝大婚，朝廷照例将再一次进行大赦。这时与张某在同一监舍的另一个犯人看到牢头大有油水，觊觎此位并想取而代之，但考虑到自己的资历和势力不强，于是就花了一大笔钱用重金去贿赂狱官，请求把张某大赦出去。受贿后的狱吏如约办理，张某被大赦出狱并被送回原籍。张某不得已，只好驮着聚敛的近万两白银，带着妻子儿女返回老家。离开监狱时，他万分遗憾地说：“我到底无法在此居住下去了。”

木子雄图财害命案

顺治年间，山东人张立山任浙江省开化县主宰。当地有一个叫木子雄的人，因图财害命被判死刑。执行期间，张立山因父母去世离职守孝，由王某担任监斩官，对木子雄斩首正法。三年后张立山改任江西省铅山县令，有一个窃贼拒捕伤人被捉拿到案，张立山仔细端详，发现这个人与三年前处死的木子雄长得几乎一模一样，并且也是开化口音。详细盘问后，发现此窃贼居然就是木子雄！木子雄见被识破，就如实告知真相：当时自己被斩首时正值黑夜，刀砍到脖子上，身子一下子扑倒在地但头并没有被砍下来。半夜他从昏迷中醒来，见四周空无一人，就强忍疼痛挣脱绳索爬起来跑了。后来逃到江西，以偷盗为生。张立山察看其后脑勺，发现脖子上果然有一条明显的刀痕。这事后来逐级上报，并追查原因，当时的监斩官王某报告了事情原委：开化那个地方民风淳朴，多年来没有执行过死刑，当地没有合适的刽子手。那天晚上行刑时，一刀砍下去木子雄就扑倒在地，缺乏经验的刽子手认为他已经死了，就用一张席子盖起来，准备第二天天亮后再去收尸，结果第二天到了现场，发现木子雄的尸体不见了，吓得没敢声张，没想到跑到江西去了。为了慎重，木子雄被押回浙江开化，所有熟识的人都指证就是木子雄本人。最后反复调查，发现确实没有受贿枉法之事，但监斩官王某和那个行刑的刽子手还是都受到惩戒。

四川什邡事件拷问环境影响评价法

乔新生*

2012年6月29日，四川一家企业投资上百亿元建设的金属资源深加工项目在什邡举行开工典礼。这一项目建成之后将会给当地带来巨大的财政收入，并且能解决一部分就业问题。可万万没有想到的是，这个项目开工的消息传出之后，当地部分居民通过互联网络发表反对意见。2012年6月30日，十几名当地居民到什邡市委反映意见，被工作人员劝解离开。到了2012年7月1日晚上，近百名学生和当地居民聚集到四川什邡市委门口以及企业所在地表示强烈抗议，要求政府立即宣布停止建设这个项目。2012年7月2日上午，部分市民不听劝阻，继续聚集到市委市政府门口，部分市民突破警戒进入机关大院，砸烂玻璃和宣传栏。当天下午聚集市民和当地警察发生冲突，导致多名警察受伤。政府动用特警使用催泪瓦斯驱散群众。目前当地政府已经妥善地依法处理了带头闹事的居民，并且对该项目进行了调整。

现在人们关心的是，一个普通建设项目为何引起如此大的社会反映，造成如此严重的社会群体性事件？近些年来，因为大型工程项目上马而引发的矛盾和冲突时有发生，这一方面是因为我国公民法制观念不断增强，他们出于维护自身利益的考虑，勇于向政府表达自己的意见；另一方面则是因为一些地方政府在大型工程项目上马的过程中急于求成，没有严格依法办事，结果导致当地居民的意见被忽视，群众的切身利益受到损害。

按照我国《环境影响评价法》规定，类似于四川什邡这样的大型工程建设项目，必须编制环境影响评价报告。然而，无论是当地政府还是建设

* 作者为中南财经政法大学廉政研究院教授。

单位都没有及时向居民说明有关环境影响评价的情况，这就导致当地居民对于项目实施可能产生的问题缺乏必要的了解，对自身利益能否得到有效的保护产生疑虑。我国《环境影响评价法》规定，“国家鼓励有关单位、专家和公众以适当方式参与环境影响评价”，“除国家规定需要保密的情形外，对环境可能造成重大影响，应当编制环境影响报告书的建设项目，建设单位应当在报批建设项目环境影响报告书之前，举行论证会、听证会，或者采取其他形式，征求有关单位、专家和公众的意见”。令人遗憾的是，四川什邡如此重大的项目，是否编制了环境影响评价报告，是否征求了当地居民的意见，是否召开了论证会、听证会，当地居民几乎一无所知。换句话说，一个本来应该编制环境影响评价报告的建设项目，由于没有编制环境影响评价报告，或者在编制环境影响评价报告的过程中没有征求当地居民的意见，结果导致出现了群体性事件。可以设想，如果当初建设单位或者当地政府意识到《环境影响评价法》的重要性，积极主动地编制有关环境影响评价报告，事先充分征求当地居民的意见，那么，此类悲剧就不会发生。正是由于当地居民被蒙在鼓里，他们不了解建设项目的实际情况，也不了解项目开工之后会给自己的生活和工作造成怎样的影响，才会以极端的方式表达自己的意见。

笔者丝毫没有为带头闹事的违法行为人开脱罪责的意思，而是想表达这样一种观点：即使按照我国现行《环境影响评价法》的规定，这个项目的开工也存在重大疏漏。由于忽视了环境影响评价的环节，没有充分听取专家的意见和当地居民的意见，结果导致“不明真相”的群众通过互联网络“煽动闹事”。可是反过来问，依照我国《环境影响评价法》规定编制环境影响评价报告，就能彻底避免此类事件的发生了吗？

答案是未必。我国《环境影响评价法》通篇体现的是行政主导环境评价的理念，虽然规定了公众参与的内容，但是，对于公众如何参与以及参与之后能否充分表达自己的意见，法律文件并没有作出程序性的规定。换句话说，《环境影响评价法》是一部行政主导的法律，其中设计的公众参与的法律条文不仅不具有可操作性，反而有一定的迷惑性。所谓“国家鼓励有关单位、专家和公众以适当方式参与环境影响评价”，实际上是强调政府环境影响评价的主导权，并没有把公众适当参与作为一个必经程序。

环境影响评价报告书编制之后、建设单位报批之前，依照法律的规定应当征求公众的意见，“建设单位报批的环境影响报告书应当附具对有关单位、专家和公众的意见采纳或者不采纳的说明”。但在现实生活中，由于缺乏征求意见的必要程序规范，在征求意见的时候存在着极大的随意性，这就导致建设单位报批的环境影响报告书很可能对公众的意见进行过滤，只提出有利于批准的意见或者建议。

可以这样说，无论是在环境影响报告编制之前，还是在环境影响报告编制过程中，《环境影响评价法》都没有关于强制建设单位征求公众意见的法律规范，这就导致环境影响评价报告书很难充分反映公众的意见。发生在四川什邡的群体性事件从一个侧面说明，大型建设项目即将上马之际，居民才有机会了解项目的实施情况，才有机会通过公开的方式表达自己的意见。然而，这种非理性的表达让整个社会付出沉重的代价，尤其让群体性事件的参与者付出巨大的代价。

为什么不尽快修改《环境影响评价法》，增加有关居民参与编制环境影响评价报告的程序规范呢？“环境影响评价，是指对规划和建设项目实施后可能造成的环境影响进行分析、预测和评估，提出预防或者减轻不良环境影响的对策和措施，进行跟踪监测的方法与制度”（《环境影响评价法》第2条）。编制环境影响评价报告是为了确保规划和建设项目能够达到保护环境、维护当地居民切身利益之目的，如果没有当地居民的参与，环境影响评价报告就失去了存在的意义。正因为如此，《环境影响评价法》应当浓墨重彩，将公众参与作为法律文件的重要组成部分，通过制定具体的强制性条款，要求建设单位在编制环境影响评价报告的时候必须征求公众的意见，并且把公众的意见作为环境影响评价报告的重要内容。因为只有这样，才能防止“拍脑袋”项目仓促上马；也只有这样，才能防止建设项目损害当地居民的利益，引发不必要的利益冲突。

世界各国环境影响评价法律规范都有以下几个特点：

第一，强调公众的积极参与，并且把社区居民的意见作为环境影响评价的主观指标和重要审批依据。如果社区居民发表不同意见，并且有充足的理由，那么，项目的审批机关就必须作出不予审批的决定。因为发展只是手段，而造福于社区居民才是目的，不能因为建设大型工程项目破坏和谐的社区关系，不能因为项目的审批而导致建设单位与居民的关系恶化。社区自治原则不仅要在建设工程项目决策环节体现出来，而且还要在建设工程项目的实施环节表现出来。没有社区居民的首肯，即使这个项目可以带来巨大的经济效益和社会效益，主管部门也不得擅自批准。

第二，公众可以通过司法救济途径充分表达自己的意见，主张自己的权利。许多国家和地区的《环境影响评价法》都明确规定，如果对环境影响评价报告反映的内容表示反对，居民可以向法院起诉，以司法审查的方式确保政府批准的环境影响评价报告真实可靠。我国香港特别行政区工程建设项目中，就曾经出现过社区居民向法院提起诉讼，从而导致工程被迫延期的案例。笔者反对毫无依据的环境影响评价诉讼，但是主张给予社区居民提起环境影响评价诉讼的权利。由于环境影响评价报告必须经过有关部门批准，因而采用行政复议的方式很难解决问题，只有充分保护居民通过诉讼纠正环境影响评价报告存在问题的权利，才能有效地督促建设单位和环境影响评价报告审批机关慎重对待环境影响评价报告。

环境影响评价报告的编制过程，实际上也是一个科学决策的过程。所谓科学决策就是一个解释权问题。对于公众提出的问题环境影响评价报告的编制单位必须给出合情合理的解释，因为只有这样才能消除疑虑，达成共识。可是，《环境影响评价法》并没有关于民事诉讼程序的规范，甚至没有给公众通过诉讼表达意见的权利。这就导致社区居民在发现自己的利益受到损害时，很难通过法定的程序维护自己的权利。由于法律没有制定救济程序规范，没有赋予公民提起环境影响评价诉讼的法律依据，结果导致社区居民发现自己的利益受到损害之后，只能以非程序性的方式表达自己的意见。笔者反对任何形式的打砸抢行为，可是，如果设身处地地为当地社区居民着想，他们既不能参与环境影响评价报告的编制，同时也无法通过诉讼的方式维护自己的正当利益，他们除了集体抗争之外，还有其他选择吗?

《环境影响评价法》是全方位环境影响评价的法律，是预测和缓解建设项目引发矛盾的法律。由于我国现行的《环境影响评价法》缺乏公众参与的条款，也没有为公众主张自己的权利提供必要的诉讼程序，结果导致这部法律非但不能缓解社会矛盾，反而有可能会掩盖社会矛盾，从而为爆发群体性事件埋下伏笔。修改《环境影响评价法》虽然不能从根本上解决现实生活中存在的利益冲突问题，但至少能给公众参与决策表达自己意见提供法律依据。全国人大常委会应当在总结经验教训的基础上，尽快修改我国的《环境影响评价法》，把行政法规和部门规章中具有可操作性的、能够充分反映社区居民意见的条款纳入法律文件之中，从而使我国的《环境影响评价法》成为集思广益的法律，成为防范建设工程引发社会矛盾和冲突的预警器。

食品安全强制责任保险亟待推行

涂永前 *

一、食品安全问题及其监管之难

前不久，我国食品毒理学学科的创始人之一、中国工程院院士陈君石接受媒体采访时表示："在食品安全方面，我们是全世界监管力度最强的国家。食品安全是（企业）生产出来的，不是政府监管出来的。如果企业不讲诚信，政府投入再大人力物力，也监管不过来，而目前的社会舆论是任何事情都该由政府负全部的责任。"陈君石院士的观点可谓一石激起千层浪，遭到坊间热议，拍砖的、质疑的不在少数。对此，陈院士认为媒体和一些人对他的观点断章取义，因此导致误解。仔细阅读陈院士在微博上发布的长篇澄清文字，发现他其实强调的是食品生产者应是第一责任人，是食品安全最重要的源头，如果生产者不诚信，政府即便实行"人盯人"的战术，也不能完全杜绝掺假等现象的发生。食品安全问题需要政府、企业、媒体、消费者共同努力，各司其职；他也认为政府监管存在漏洞，需要改进方法，加大惩罚力度。应该说，陈院士的观点并无偏激，他指出了导致食品安全问题的直接原因，且解决办法也是此前舆论一直所倡导的。

食品安全的实现受很多因素的制约，比如经济发展水平高低、社会诚信体系的优劣、科技发展层次的高低等，政府监管只不过是其中的一个重要方面。在我国广为分布的县域层面，从农牧水产到最后的餐饮环节，专业从事食品安全监管的人员一般不过数十人，监管范围还涉及药品、保健品及化妆品领域，加上没有足够的监测设备，食品安全监管力量非常弱。

---

* 作者为西北政法大学法律科学信息研究所研究员。

更为严重的是，在一些欠发达县市，食品行业作为服务行业通常是解决当地就业的重要渠道，尤其关系到低收入者的生存问题。如果严格按照食品行业的准入门槛，那些不成规模并且处于无组织状态的“夫妻店”、“父子店”将无法存在，部分人的就业生存与大众食品安全问题就会发生冲突，其结果往往是这些小作坊式的食品生产者在适用安全标准上不得不打些折扣。另外，相较于大企业的规模化种植与养殖，我国广泛分布的农村家庭式种养也是一个监管难点。一方面，从经济效益出发，农户们大多会选择降低成本以及食品安全标准的方式来追求利润；另一方面，小作坊式的经营，无论是食品生产硬件还是软件都达不到要求，导致滥用添加剂现象大量存在，这种源头上的不安全操作已经成为我国食品安全的最大隐患。

那么，食品安全问题到底应该由谁来承担责任呢？毫无疑问，食品生产者和政府都是主要责任人。食品生产者理应遵守法律，按照食品安全标准生产、销售并提供服务，这是最起码的商业准则，否则就应受到法律的制裁。而政府作为食品安全标准的制定者，同时又是食品安全的监管者和不法行为的裁判者，其履行的职责越多，权力就越大，同时承担的社会责任也就越大。我国目前在食品安全监管方面的确存在很多漏洞，但仅靠政府监管往往是力不从心。近些年来政府公布的材料显示，食品生产加工企业存在合并、集中的趋势，但这种情形主要还是发生在那些上规模的食品生产加工企业。而对于那些无法统计的食品生产小摊小贩，数量如此惊人并且处于无组织状态，单靠政府一方面的力量来保障食品质量安全的确无法想象。

二、目前的产品责任制度很难使不安全食品受害者得到救济

每每发生食品安全事故，食品生产者通常会收到监管机构的罚单，受到媒体以及广大消费者的舆论谴责。这些力量对不安全食品生产者的确造成了一定的压力，不仅使其受到经济上的制裁，而且声誉受到影响，对违法行为起到了一定的遏制作用。但是，当遭遇不安全食品侵害时，消费者在很多时候很难得到私法上的救济。一方面，在我国，目前食品安全事故引起的民事责任主要是产品致害侵权责任，受制于该种责任的归责原则和构成要件，受害者在举证上往往面临诸多困境；另一方面，如果致害人赔

偿能力不足或者无损害赔偿能力，受害人获得补偿的权利将会大打折扣甚至落空。由于存在这两方面的不确定性，产品责任自然不是最佳的分散风险的方式。

在我国，依据《侵权责任法》、《食品安全法》、《产品质量法》和《消费者权益保护法》，商品销售者主要承担过错责任，商品生产、制造者承担无过错责任。在实行过错责任原则的国家和地区，受害人对商品生产销售者的过错存在举证责任，但是搜集产销者过错的证据对于受害人来说，往往很困难，因此经常会放纵了那些为了自己的利益而不关注食品安全的产销者，使得他们能够轻易借故专业问题或者已尽职尽责而逃脱责任。在实行无过错责任的国家和地区，虽然受害者不用证明产销者的过错，但必然要证明损害结果的发生与产品缺陷之间的因果关系，至于产品是否存在缺陷，缺陷的评判标准是什么，以及损害是否由产品缺陷所致，这些方面的举证也是相当困难的。因为通常涉及食品生产制造的工艺程序，就这些信息而言，大部分不具备专业知识的受害者是无法知晓并掌握的，在一些持续性、累积性的损害中尤其如此，因为每一次的接触并不足以构成损害，损害往往是多次接触累积下来的结果。加上造成损害的原因具有隐蔽性，潜伏周期比较长，普通消费者凭经验难以证明损害事实与不安全食品缺陷之间的因果关系。通常情况下，不安全食品所带来的风险是隐性的，需要专业机构和专业人士借助专业知识和工具来证实。

不安全食品致人损害所产生的产品责任需要解决以下两个问题：第一，如何防止或者减少不安全食品致人损害事故的发生？第二，如何合理地弥补受害人所遭受的损害？就第一个问题而言，侵权责任的机能决定了其在引导食品及相关服务提供者预防损害方面存在劣势。从传统法律角度来看，侵权法的主要功能旨在向因他人行为而遭受损害者提供赔偿；责任的基础一般认为是某种形式的矫正正义，矫正致害人行为所造成的不正义，使致害人与受害人得到同等对待。但是同时存在另一种认识，即侵权法的另一重要功能旨在威慑致害活动的发生（也即预防损害），以必须支付损害赔偿金作为威胁而诱导更加谨慎小心的行为，此所谓侵权行为法的分配正义。在侵权行为法的两个主要功能之间，可能存在不和谐，对索赔者给予的恰当的赔偿金额也许并不是引导最佳注意的金额。侵权行为法对受害者给予补偿的功能被看作是其主要功能，但在致人死亡的事故中，死亡的人不可能再有生命可言，因而也无法赔偿他们的生命损失。在食品安全事故中，往往可能发生无法逆转及无法填补的损失，此时金钱补偿可能无法弥补受害人及其家属所遭受的精神损害，在这种情况下，预防和制止安全事故的发生就显得更加重要。在严格责任制度中，支付损害赔偿金额并不能诱导加害人更加谨慎小心地行为，此时侵权法的预防功能似乎也失灵。

三 、强制责任保险：弥补产品责任制度缺陷的可选择路径

责任保险的目标是补偿由于被保险人的不当行为造成的相关第三方的人身损害或财产损失。因此，它涵盖了被保险人应该负责的各种类型的损失，除非损失是由于故意行为造成的。损失是指特定类型的法律责任，这类保险的目的是保护被保险人免受某一偶发事故的影响。从消费者的角度来看，责任保险是一种保护设计，是一种重要的确保受到他人侵权时获得补偿的方式。责任保险的盛行对侵权法作为对人身伤害进行补偿的机制产生了深远的影响，其在一定程度上可以弥补侵权法在应对食品安全事故中的劣势。尽管责任保险客观上能发挥这一作用，但是作为一种商业保险，其仍具有较大的局限性。产销者的投机及逐利心态可能降低其主动投保的意愿，保险公司从自身面临的经营风险考虑，也可能出现承保意愿不足的情形，保障范围和保障金额都会因此大打折扣。在食品安全领域，如果责任保险市场失灵，即食品产销者都不愿意投保，而其行为可能会造成较严重的负外部性，例如一次重大的食品安全事故可能导致灾难性后果的发生，此时，政府有必要主动行使其干预职能，在食品安全领域实施强制责任保险。

在一些发达国家，产品责任险已成为一种强制性保险，采取的是严格或无过失责任原则。在美国，近年产品责任案的被告平均支付的诉讼费用和赔款超过 500 万美元，责任保险业务的保费收入自 20 世纪 80 年代前后开始即占到美国非寿险业务的 45% –50%；在欧洲发达国家，责任险业务通常占到非寿险业务的 30%左右；日本的责任险业务占到非寿险业务的 25% –30%，而国际平均水平约为 15%。相比之下，中国的产品责任保险投保率极低，企业投保产品责任险的比例仅为 4%，而且即使已经投保的企业大都

也是应国外进口商的要求被动投保。

目前，英美等国家在食品领域并没有推行强制性责任保险，因为在这些国家，产品责任领域尤其是涉及食品卫生安全的不安全食品致害侵权代价高昂。以美国为例，历史上发生的多起大规模不安全食品致害侵权案件，最后都因为严格的产品召回制度以及大规模受害者提起的旷日持久的产品责任诉讼，引发了巨额损害赔偿。这种司法制裁手段虽然具有事后性，但在美国等英美法系国家通常比行政制裁及刑事法制裁更严峻，因为企业可能因面临巨额索赔而招致破产。一句话，在发达国家，企业人为制造不安全食品被查实后所付出的成本远远高于收益，故而很多企业在食品和药物管理局的严格监管下不敢不慎之又慎地对待食品安全问题。从历史角度考察，除了十九世纪早期曾出现过大量食品掺假、制假、售假案件外，在英美等发达国家总体上鲜有大规模出现故意违反食品安全标准，在市场上销售受污染食品的情形。因此，在这些国家，食品卫生安全强制责任保险并没有成为食品安全行政规制的必要手段之一。相形之下，在我国发生的食品安全事故鲜有食品生产供应企业破产或者倒闭的，并且食品安全事故频繁发生，有人总结这种状况的出现皆因不安全食品生产供应者交易所得收益高于其侵权成本。尽管《食品安全法》及相关刑事法律加重了对致害人的刑事处罚和民事责任，但由于多种原因，食品安全问题仍旧此起彼伏，因此笔者认为有必要反思我们目前给予受害者的救济途径，大胆引入国外的相关制度，设立强制责任保险，突破私法途径不能遏制不安全食品侵权问题的瓶颈。

“预防刑事错案国际研讨会”精彩语录

张小敏* 肖慎明* 整理

2012年8月7日至8月8日，“预防刑事错案国际研讨会”在吉林省长春市顺利举行。此次会议由中国人民大学刑事法律科学研究中心和吉林大学法学院共同主办，中国人民大学刑事错案研究中心与吉林大学刑事法律科学研究中心共同承办。此次会议的主题是“完善司法制度，预防刑事错案”，旨在通过比较中外刑事错案的形成原因、翻案过程和救济途径，分析预防刑事错案的可能途径、提出相应对策。来自我国国家机关、高等院校与律师界的150多位大陆地区代表，与来自我国香港地区、澳门地区、台湾地区的6位代表，以及来自美国、英国、挪威等国家的10多位代表参加了会议。现将部分精彩发言摘录如下：

何家弘（中国人民大学刑事错案研究中心主任、法学院教授）：

我们在刑事司法中一直有一个口号，叫“既不冤枉一个好人，也不放纵一个坏人”。这是一个美好的理想，但实际上在任何一个国家的刑事司法制度下面，这是不可能实现的。我们能做的，只是尽可能地减少刑事错案的发生以及在错案发生之后能够积极有效地去纠正它，进行救济。刑事错案不可能完全杜绝，但我们可以通过完善我们的司法制度，尽量减少刑事错案的发生。

戴玉忠（全国人民代表大会内务司法委员会委员、中国人民大学刑事

---

* 张小敏为中国人民大学法学院博士研究生；肖慎明为中国人民大学法学院硕士研究生。

法律科学研究中心主任、教授）：

这次研讨会选定的题目是“预防刑事错案”，这样一个题目，我想既涉及到一个国家的刑事法律制度的建设，也涉及到一个国家的刑事司法体制，还涉及到一个国家的刑事司法和执法的理念、观念，也涉及到司法人员的素质。刑事错案的产生会给当事人带来很大的危害，也会给国家的司法工作带来不良的影响。大家知道，我们的国家刚刚把刑事诉讼法修改完，明年1月1号开始实施，刑事诉讼法这次修改是国家司法制度、刑事司法体制的一次重大改革，在预防刑事错案方面我想会发挥积极的作用。

张文显（吉林省高级人民法院院长、吉林大学哲学社会科学资深教授）：

刑事错案是国际社会普遍存在的现象，尤其是转型中的中国社会，刑事错案时有发生，有的地方错案还是多发、频发，触目惊心。错案的发生可能出现在刑事司法的各个环节，如错抓、错捕、错诉、错判。但以我的观点，错判是造成错案的直接责任，所以预防和减少错案要从错判入手。错案的发现不难，认定也不是很难，难的是纠错。从理性和法治的角度认定错案那就应当纠错，而从利益、人情的角度，从机关之间关系来讲，法院却很纠结。对错案现象的治理要综合制策，要牢固树立无罪推定的原则，要严禁刑讯逼供，要强化检察机关对审查机关的监督，也要强化审判机关对诉讼环节的其他方面的监督，强化审判监督。

姚建宗（吉林大学法学院院长、教授）：

在人类社会的法律发展历史上，包括刑事错案在内的错案的发生，几乎是不可避免的客观事实。而且根本原因在很大程度上源于人类自身绝对不可克服的理性的缺陷，这种情况与社会或者是国家的性质、发展阶段，法律的完备程度和法治发达状况并没有什么内在的必然联系。换句话说，仅就刑事错案而言，其发生是绝对不可克服或者不可消除的。作为人，我们所能做的，不过就是尽可能地加紧预防和控制。

张保生（中国政法大学副校长、法学教授）：

就错案产生的原因，可从两个方面入手：一个是从认识论角度入手，要搞清楚证据、事实、事实认定这三者之间的关系；另一个就是从制度角度，要完善证据裁判制度、促进司法独立等等。大家都承认美国证据制度比我们发达，但美国照样有错案，我觉得这虽然和证据制度有一定的关系，但和我们认识的能力也有一定的关系。所以从证明标准来说，有错案是必然的。但我们人毕竟不是动物，我们可以做出价值选择，美国人做出的价值选择是“宁可错放十个，也不错判一个”，他们认为错判是经济成本加入道德成本，错放就没有这个；我们中国提的是“既不冤枉一个好人，也不放过一个坏人”。千万不要追求百分之百的准确，不要给是“人”的法官、检察官提过高的要求，如果提过高的标准，他达不到这个标准，就会想办法去达到这个标准，就容易出现冤假错案。

樊崇义（中国政法大学教授）：

我今天想借佘祥林案件，来引出几点关于预防刑事错案问题的思考。

第一点，造成佘祥林案件的一个最根本的原因就是我们的侦查人员缺乏一个最基本的道德标准。所以当前一定要把核心价值观的践行和刑诉法的贯彻实施结合起来。第二点，在证据收集的过程中，一定要做到客观全面。既要收集有罪证据，又要收集无罪证据。在佘祥林案件中存在着严重的主观认定，先入为主、盲目推论，违背了证据裁判原则，违背了按照客观全面的原则来收集证据。第三点，刑讯逼供、暴力收集口供是制造冤假错案的一个重要手段，不仅佘祥林案件，许多案件中刑讯逼供都是重要的原因。这次的刑诉法修改，构建了一个严禁刑讯逼供机制，包括不得强迫犯罪嫌疑人自证其罪、非法证据排除规则、审讯要全程录音录像等，我认为这些措施对于预防刑事错案是非常有帮助的。

赵秉志（北京师范大学刑事法律科学研究院院长、教授）：

我从赵作海案件来谈冤假错案的制止与防范。我认为有罪推定观念影响下的司法制度是赵作海案发生的根本原因。基于此点分析，我提出两点建议，第一点就是完善沉默权规则。沉默权并不妨碍侦查员的讯问，而是把回答义务变成可以回答、也可以沉默。因此，是不是应该确立一方面不能自证其罪，另一方面也不能够强迫他应当回答。第二点就是完善律师辩护制度。我们国家的律师，从目前来讲，发挥的作用还极其有限，尤其是在侦查阶段。因此我认为应该进一步完善律师在侦查阶段调查取证的权利，确立讯问期间律师在场的权利。确立律师在侦查阶段具有这些权利，可以使得被告人能够在律师的辩护帮助下，合理合法地对抗比较强势的侦查权利，不易制造冤假错案。

龙宗智（四川大学法学院教授）：

为什么会发生刑事错案？我认为我们目前需要关注的深层次的问题还是体现在体制性和制度性层面。比如我们还没有建立起一个有效的司法审查机制，这包括三点：第一点是有效审判，我们现在审判主要依赖于书面材料，无法进行有效的法庭审理和质证，有些证据搞不清楚是怎么来的，不能从根源上来防止冤假错案。第二点是法院发现非法取证，能不能判无罪。中国的体制是公检法三机关各管一段，互相配合、互相制约，司法的独立、司法的中立、司法的权威还有待建立，所以法院的法官能力比较弱。第三，就是法院有没有纠错的能力。现在是出了错案要纠错也非常困难，因为这关系到各方面的利益，涉及到感情问题、关系问题。总而言之，要防止冤假错案，最根本的还是要解决体制性和制度性层面的问题，这些还需要司法改革来推进。

杨克勤（吉林省人民检察院检察长）：

完善司法制度、预防刑事错案是世界各国刑事司法的共同目标，我认为中国历来重视预防刑事错案工作，一直在加强和完善刑事司法建设上作出不懈努力。根据保障公民诉讼权利、建设社会主义法治国家的需要，今年我们对《刑事诉讼法》作了重要修改，将“尊重和保障人权”写入了《刑事诉讼法》的主旨，进一步完善了刑事诉讼的证据制度、辩护制度和有关诉讼程序。在完善司法制度、保障公民权利、预防刑事错案方面迈出了重要一步。

霍宪丹（司法部司法鉴定管理局局长）：

谈几点想法。第一个，错误鉴定确实是造成错案的原因之一，不展开说。

上是不可以直接在审判庭上作为证据使用的，一定是要经过证人出席审判庭并经被告对峙提问这一程序之后才可以使用。最后一点经验是关于举证责任。我们过去的法官是传统的包青天思想，经过这几年的改革，我们把法官的性质改成一个听审者，他没有责任和义务去调查对被告不利的证据，那些是属于检察官的举证责任，如果案件中检察官没有尽到他的举证责任，法官应依法判决被告无罪。

马克·戈德塞（美国辛辛那提法学院教授、美国俄亥俄州冤狱平反研究项目和全球错案研究中心共同创始人、主任）：

美国人总认为自己国家有非常完美的司法体系，比如无罪推定，比如保持沉默权，在他们看来这些制度已经有效地防止了错案的发生。但是这种想法在90年代发生了改变，当时发展起来的DNA技术，使得辩方通过生物测试证明了许多起错案，这个结果使美国非常震惊，我们从来没有想到我们的错案的几率会这么大。同时在90年代媒体也披露了很多由于DNA技术而得到平反的案件，这就是无辜者运动的起始点。最开始是法学院的教授和学生组织在一起来发起了这个运动，从90年代发展至今，这个运动已经使得超过2000件冤案中的无辜者得到了平反。所以我们如果追溯历史回到上世纪50年代，我们当时是非常主观地判断我们是没有错案的，那么到了现在我们已经意识到我们要重新审视一些案件，特别是那些嫌疑犯多年来一直诉求他们是冤枉的案件。因此我们需要建立一种系统化调查的机制，这种系统化的回溯案件不仅仅可以发现错案，还可以帮助我们得到很多信息，掌握一手的资料，来支持我们司法改革的诉求，从而在未来避免这类错误的再次发生。

在政道与法理之间架一座桥

——《社会主义法治理念概论》创作谈

喻 中*

一

2012年5月，我的《社会主义法治理念概论》一书已由法律出版社正式出版发行。在它面世之初，在它开始接受读者检验之际，愿借“法学家茶座”一角，谈谈自己的“创作”体会。

众所周知，社会主义法治理念作为一个特定的理论命题、思想命题，是2006年正式提出来的。在此后的数年里，我虽然知道有这么一个命题，虽然知道法学界有一些讨论，但并没有专门去思考，亦没有专门去研究。直至2010年，我当时供职的四川大学让我给本科学生讲一门全新的课程，课程的名称就叫“社会主义法治理念”。至此，这个已经流行了好几年的命题才不容回避地走到了我的眼前。

按照校方规定的教学任务，我必须把社会主义法治理念作为一门严格的法学课程来讲。但是，讲些什么呢？从字面上依次讲解那“五句话”？显然不是一个好办法。且不说我讲起来很困难，就是要让学生们耐心地听下去，也有一定的难度。于是，我试图寻找一本适合本科学生的社会主义法治理念教科书，希望有现成的东西可以借用。但遗憾的是，几经搜索，仍没有找到一本专门针对在校本科学生的“社会主义法治理念”教科书。虽然有几种权威机构组织编写的“读本”，但那主要是针对在职干部的，主要是供在职干部使用的政治理论读物。把这样的“读本”直接搬到大学的课堂上，显然不是很适宜，效果也不一定好。正是在这里，我发现了一个问题：

* 作者为首都经济贸易大学法学院教授。

社会主义法治理念作为一门课程，虽然已经正式设置起来了，但是，关于这门课程我们实际上还没有准备好，思想准备不够，学术准备更不够。

在这样的背景下，在摸索着讲授这门课程的过程中，我逐渐萌发了自己写一本《社会主义法治理念概论》的念头。为此，我比较全面地阅读了法学界已经积累起来的关于社会主义法治理念的代表性文献，对社会主义法治理念所涉及的相关问题进行了梳理，经过一番融会贯通之后，逐渐形成了我自己关于社会主义法治理念的比较系统的认知。我觉得，对于社会主义法治理念，我可以提出自己的一些看法。稍后，在法律出版社的支持下，在一年多的时间里，我把自己关于社会主义法治理念的理解，提炼、加工成了这样一本《社会主义法治理念概论》。

二

在写作这本书的过程中，我有几点考虑，有必要在此向读者朋友们略作交代。

第一，如果以黄稻主编的《社会主义法治意识》一书在1995年的出版为标志，那么，关于社会主义法治意识（或理念）的一般意义上的理论探索，已有将近20年的历史。“社会主义法治理念”作为一个特定的概念正式提出来，也有六、七年了。此间，已经引发了法学界的很多讨论。在法学院的课堂上，社会主义法治理念已经成为了一门正式的课程。国家组织的司法考试，也把它列为了考试的内容，要求应考者必须掌握。因此，无论我们怎么看待它，它至少也是一个产生了广泛影响的思想事件、智识事件。单就这一点来说，它就值得认真对待。因此，对它抱持一种视而不见的态度是不可取的。与其他理论命题、思想命题一样，社会主义法治理念也是一个需要严肃对待的命题。

第二，与民法学、刑法学等部门法学相比，社会主义法治理念并不是一个纯粹的、专业化的、技术性的法学理论。虽然它不够纯粹，也没有在专业性的法学知识体系的内部做出深入的挖掘，但是，它有一个其他的相对纯粹的部门法学所不具备的优势：它作为一种“法外之理”，有助于把相对纯粹的法律理论与一般性的政治理论连接起来，有助于促成法律理论与政治理论、政治意识形态之间的对话与沟通，有助于把法律理论、法治实践放置在一个更加宏大的整体背景之下来观察，有助于促使法学界形成一种更加开放的心态、更加开阔的胸襟。倘若没有这种心态和胸襟，我们的法律人就可能像《庄子·秋水》篇中的河伯一样，“欣然自喜，以天下之美为尽在己”。

第三，这本书讨论的社会主义法治理念虽然只有“五句话”，但是，这“五句话”并非“无端崖之辞”。这“五句话”是在一个丰厚的文化传统、丰富的实践经验的土壤里生长出来的。因此，有必要在“五句话”的背后，看到那一片肥沃的土壤——这个过程，实际上是对我们这个共同体所置身于其中的文化传统、现实格局、文明秩序的一种省思与察看。再打个比方吧，“五句话”仅仅是冰山露出海面的那一角，在海面之下，冰山还有一个巨大的底座。这本“概论”，就试图展示这个“巨大的底座”；它试图说明，是哪些因素，在支撑着社会主义法治理念这个思想理论命题。

第四，从社会主义法治理念的萌生来看，它主要是一个政治性的命题；它的提出，主要是出于政治上的考虑，这一点毋须讳言。但是，这个政治性的命题应当给予学术性的论证和阐释，应当从学术的层面上来理解——这就像在分析实证主义法学的逻辑中，法律是主权者意志的体现，但体现主权者意志的法律亦需要严肃的理解一样。正是因为这一点，为我写作这本书提供了精神上的动力：我讨论的虽然是一个偏重于政治的命题，但是，我进入这个命题的思路是学术的，我把一个政治性的命题进行了学术性的处理，我把它放在学术的框架内进行了透视，我把它与相关的理论、知识进行了对接。正是因为立足于这样的追求，我才有勇气把它交给出版社，奉献给读者们。

三

从我的预期而言，这本书是写给本科学生、尤其是高年级本科生的。我主张一个高年级本科生，在求知的阶段，有必要在纯粹的、专业性的法律知识之外，了解一点法律与政治交叉地带的知识，了解一点法学外围地带的知识，了解一点法律、法治所镶嵌于其中的背景性知识，从而形成较为宽广的视野，养成圆融、通透、成熟、开放的心智，不至于陷入偏颇、封闭、狭隘、生涩、凝滞的泥淖，不至于陷入各种各样的教条主义的泥淖，不至于成为各种各样的教条主义的俘虏。

这本书也是写给硕士研究生以及博士研究生的。顾名思义，研究生应当研究理论的前沿；而所谓“前沿研究”，本质上就是在知识的边缘地带开垦、挖掘，它具有拓展甚至是拓荒的性质。根据这个判断，在现有的法学理论体系中，社会主义法治理念就是一个尚待深入开垦的理论前沿。因而，这本书可以为研究生拓展自己的法学知识提供某些借鉴。

这本书还是写给从事法学理论研究的学者们的。我相信，关于社会主义法治理念，可以有多种阐释，既可以立足于法律内部的专业立场，也可以立足于法律外部的“非专业”立场；既可以立足于西方17、18世纪的立场，也可以立足于当代中国的立场；既可以立足于书本的立场，也可以立足于实践的立场；不必说，当然还有其他更多的可供选择的立场。本书的阐释，仅仅是其中的一种。我希望出现关于社会主义法治理念的更多的、更精当的阐释，从而在法学理论与政治理论之间，在法学理论的边缘地带，培育出更多的学术增长点。

同时，这本书也是写给实务者、特别是法政实务者的。我知道，近几年来，实务界通过举办讲座等方式，已经多次“学习”过社会主义法治理念。但是，这是一本与已有的“读本”不一样的“社会主义法治理念”。在实务界，虽然有例外，但大多数实务者的工作姿态，也许就是埋头拉车，也许较少抬头看路。虽然，本书绝不敢自诩是“探路”或“看路”的书，但它有助于实务者们在埋头拉车之余，更深入地思索自己参与塑造的法政实践的逻辑，特别是行动逻辑、实践逻辑背后的思想根源、文化理据；不仅知其然，进而还能知其所以然。

当然，这本书也是为那些关心中国文化走向、关注中国文明秩序原理的人所写的。这本书论述的主题，虽然主要是社会主义法治理念，但是，这个主题在相当程度上就是关于中国当代文明秩序的一种安排。社会主义法治理念包含的具体内容、承载的基本功能，都介于政治与法律之间——它类似于宪法的序言，是对一种文明秩序原理的概括性表达。正是在这个意义上，可以把社会主义法治理念视为一种简略的、朴素的“文明秩序原理”或“文明宪章”。因此，本书既是一本法学教学用书、法学理论著作，但它同时也是一本思想性质的著作，寄寓了作者关于中国文明秩序原理的思考。

按照某种不成文的规矩，教科书应当提供确凿无疑的甚至是标准化的知识。但是，本书的某些论述，较之于这个不成文的规矩，也许还有一定的距离。对此，本书作者负有不容推卸的责任。不过，本书主题的性质，也是本书的某些论述未能臻于“确凿无疑”或“标准化”的一个客观原因。因为，面对这样一个弹性较大、解释空间较大，而且还在继续生长、不断演进的主题，任何人都不可能给出某种定于一尊、说一不二的解释，任何人的解释都不可能达致“一家既出、百家俱废”的程度。好在本书的预期，并不在于追求这种难以企及、似乎也不必追求的目标，而是在于促成理解：促成关于社会主义法治理念的更深入、更丰富、更加多元化、更具商谈性的理解。同时也在于促成思考：促成关于社会主义法治理念的更多的思考、更多的讨论，甚至是更多的争议——正是在这一点上，本书也许可以成为一根激活思想、激活学术的马刺。由此，我们可以注意到，在这个思想、文化、学术日渐多元化的时代，当绝大多数教科书都在追求“确凿无疑”、追求“标准化”的整体背景下，允许少许教科书追求探索性，从而为读者提供更加宽广的讨论空间，以之培养读者独立研究、独立思考的能力，也许不失为一种更好的格局。

四

在内容安排上，这本《概论》由三个部分构成。其中，上篇是“社会主义法治理念导论”，以三章的篇幅分别论述了三个方面的问题，它们依次是：社会主义法治理念在当代中国法学体系中的定位，社会主义法治理念在知识形态中的属性或归属，社会主义法治理念的研究范式。梳理这三个方面的问题，可以更好地把握社会主义法治理念的理论前提：社会主义法治理念到底是一个什么性质的理论问题？它与既有的法学分支学科如何衔接？以及，进入社会主义法治理念的有效路径是什么？诸如此类的问题，都在“导论”部分中进行了比较全面、比较细致的交代。

中篇是“社会主义法治理念总论”，主要是关于社会主义法治理念的原理性的论述。它以五章的篇幅，分别论述了相互关联的五个问题。其中，第四章“社会主义法治理念的思想渊源”旨在把社会主义法治理念汇入思想史的河流，主要回答了这样一个问题：是哪些思想滋养了社会主义法治理念。就像马克思主义是由德国的古典哲学、英国的古典政治经济学、法国的空想社会主义汇聚而成的，社会主义法治理念也有它的思想源头。回望、检视这些思想源头，有助于从思想史的深处，理解社会主义法治理念的由来。第五章“社会主义法治理念的思想地位”虽然也涉及思想史，但顾名思义，它主要在于剖析社会主义法治理念在思想史上的地位，以及，它可能承担的思想使命。如果说，关于“思想渊源”的论述主要立足于“继往”，那么，关于“思想地位”的探索则主要着眼于“开来”。把这两章合起来，就可以对思想史上的社会主义法治理念形成一个贯通性的阐释。接下来的第六章、第七章，分别从政治与文化两个不同的维度，解释了社会主义法治理念的政治逻辑与文化逻辑。社会主义法治理念既是一个政治命题，也是一个文化命题。关于社会主义法治理念的政治解释，主要着眼于描绘社会主义法治的政治品性，以阐释政治视野中的社会主义法治理念；关于社会主义法治理念的文化解释，主要借用了文化形态学的方法，对社会主义法治理念进行了比较文化形态学的透视。本篇的最后一章，即第八章，则是把着眼点转向中国，转向现代，试图在百年中国法治思潮的升降沉浮中，从历史与逻辑两个方面，考察社会主义法治理念的时代精神与时代风貌。

下篇是“社会主义法治理念分论”，亦即关于社会主义法治理念各个要素的“分别论述”。由于社会主义法治理念主要包含了五个要素，因此，本篇内容也分成五章逐一展开。其中的每一章，都采用了相似的叙述框架：先阐明某一要素的理论内涵，再论述该要素的实现方式。诸如依法治国、执法为民、公平正义、服务大局、党的领导等五个方面的法治理念，都是按照这样的进路来处理的。相对于“中篇”的原理性、思想性论述，本篇内容主要立足于制度与方法，突出了社会主义法治理念的实践性、现实性、针对性。

以上三篇内容的逻辑关系是：上篇侧重于阐明社会主义法治理念的知识论，中篇侧重于阐明社会主义法治理念的本体论，下篇侧重于阐明社会主义法治理念的方法论。当然，这样的区分只是大致的，只能叫“侧重于”。我希望把各有侧重的上篇、中篇、下篇组合起来，融为一体，铸成一书，能够较全面地展示社会主义法治理念的不同向度、不同侧面，从而勾画出一个立体性的、活生生的社会主义法治理念。

社会主义法治理念虽然以法治作为关键词，但却蕴含着强烈的政治指向。因此，社会主义法治理念实为法治与政治之间的桥梁，体现了法治理论与政治理论的交汇。立足于社会主义法治理念的这本“概论”，既是关于法治的解释，亦是关于政治的解释。希望通过这本“概论”，有助于促成法治与政治在更深层次上的相互理解，有助于促成法治理论与政治理论在更深层次上的融会贯通，有助于在政道与法理之间架起一座便捷的桥梁。

一个民族的法治寓言

道格拉斯·科尔* 何 然*

《血之罪》（英译本书名：*Hanging Devils: Hong Jun Investigates*）是何家弘创作的以洪律师为主人公的四部小说中的第一部。故事发生在二十世纪90年代的北京。洪律师在美国获得法律博士学位之后回国开创了个人的律师事务所。他穿着西服，有一个活泼时髦的女秘书。他的办公室离人民大学很近。他在这里接待了他的第一个客户并受理了他的第一个案件。那是一起发生在十年前的强奸杀人案。其客户的弟弟正在为该案服刑。但那个判决是公正的吗？

洪钧的调查把他带到了冰天雪地的东北——黑龙江省的一个国营农场。该案那美丽的被害人的尸体就是在那里发现的。后来，该农场的一个农工被逮捕并很快被判有罪。该案的多数知情人仍然生活在那里，而洪律师的调查似乎延循着常规的路径——查阅陈旧的案卷，收集科学的证据，询问各方的证人，陷入调查的僵局，但最终查获了真正的罪犯。洪律师在查明案情的过程中得到了初恋情人的帮助，后者现在是公安局的副处长。

这部由邓肯·休伊特从中文翻译过来的小说是高度类型化的。毫无疑

* 道格拉斯·科尔（Douglas Kerr）为香港大学英语学院教授；何然为北方工业大学文法学院讲师。

问，它是当代犯罪悬疑小说中令人满意的佳作，但它却有着明显的古典风格，几乎是那种维多利亚时代的感觉——高大英俊的侦探，扑朔迷离的案件，失散多年的同胞，狡猾却犯下致命错误的罪犯。这一切构成了一个或可预期结局但却足以让人享受阅读快感的故事。

与许多犯罪文学作品一样，这部小说是一种随意但有趣的历史性讲述。它告诉我们在三个重要时段里的中国：该案发生的上世纪八十年代前期；洪钧进行调查的九十年代前期；以及这部小说出版的本世纪第一个十年。在此我们可以透过一部文学作品看到法治在现代中国的进化。何家弘是杰出的法学教授，他的主人公洪钧把西方的法治理念与中国的善良正直观融合在一起。主人公虽然遭到了司法系统中一些保守堕落分子的对抗，但他所遇到的大多数官员还是能够为公正而尽职的。

三个时间段，再加上三个空间点：北京是中国现代化的前沿，四海为家的洪钧在这里开展律师业务，报效祖国的同时怀念着他在芝加哥度过的时光；哈尔滨是省会，那里的政府官员在努力实现现代化和高效率；更为边远的国营农场是前现代经济和农民社会的场所，而更远处还有白雪皑皑的山岭，洪钧在那里看到了狩猎、迷信、传奇、血仇的更为荒蛮的世界。

有了这样的地理和历史内涵，这部小说看上去就像是一个民族的寓言，一个关于中国现代化的寓意深远的故事。理性、专业和现代的洪钧在这里赢得了今天的斗争，而作者大概也在暗示中国的未来属于洪钧和他的同道，属于应比掌权者利益更为重要的法治理想。不过，这个故事也让我们看到了与这位律师对立的野蛮、非理性、腐化堕落的力量，从而认识到这场斗争是持久的，而且其结局仍属悬疑。